愛する人を亡くしたあなたへ

～愛を知るための本

Ray 著

Clover クローバー出版

はじめに

私は2018年5月に、幸せそうだった長女を自死で亡くした母親です。

トンビがタカを産んだような、親バカだけれど、とても優秀で、可愛くて、心の優しい天使のような子でした。小さな頃からいろいろなことに挑戦し、いじめられている友人を助ける勇気もあり、我が子ながら尊敬していました。第一志望の高校に入学し、憧れの部活に入り、順風満帆な高校生活を満喫していたと思っています。

亡くなった日の前日は、初の中間テストの初日でした。帰ってくるなり、「間違っちゃった。あーもう終わった。あーもう人生リセットできたらいいのに」と、自分のミスに大騒ぎしていました。

はじめは、「失敗しても次があるよ」「まあ、次は頑張ればいいじゃない」と言って相手をしていた私も、なかなか気持ちを切り替えない娘に対して、ついに、「もう、しつこいな〜、勝手にして！」と突き放してしまいました。夜のパートに出かける時間が迫っていた私は、少しイライラしていました。

翌日朝、「大丈夫だよ。なんとかなるからさ」そう言った私に、「うーん」と少しテンションの低い返事をした後、学校に出発した娘は、私が言ったように、「勝手にして」しまいました。

確かに私は、「勝手にして」と思っていました。自分のことは自分で決められる子にと思って育てていました。でもまさか、そんな展開になるとは思いも寄らないことでした。あの言葉がなかったら娘は死んでいなかったかもしれないと思うと、自分を責めずにはいられませんでしたし、それに、たった一度のテストの失敗を理由に死を選んでしまうなんて、大切な我が子を愛し、大事に育ててきたつもりでしたが、その私の子育ての方法は間違っていて、結局は私が娘を殺したようなものなのだと思い、自分を呪いました。

ところがあることがきっかけで、それは傲慢で思い上がった考えだと知ることになったのです。

その気づきは突然にもたらされました。

あの日も、いつものように泣きながら仏壇に話しかけていると、私の頭上から突如、聴き慣れた娘の声が響いたのです！　びっくりしました。発せられたセリフはもっと衝撃的でびっくりするものでした。

その言葉によって、私は一瞬で今までとはまったく違う視点を授かり、その日から、新しい視点と娘の導きにより、自分の信じていた価値観のおかしさに気づき、絶望そのものだった自分の世界を、心地良い天国へと変えていく作業が自然と始まりました。

娘に導かれるようにアメーバブログに自分の気づきを綴るようになり、いつのまにか一冊の本になるほどの気づきが溜まり、そこからは不思議なご縁が続いて、こうして本の出版をすることにもなりました。もう娘に動かされているとしか思えませんでした。

その気づきの数々は、今思えば娘がまだ生きていた頃の私に聞かせてあげたい話ばかりです。もしもこの本に書いたことを私が知っていたのなら、私の人生はまったく違ったものになっていたでしょう。現在のように穏やかで幸せに生きながら、しかも娘を亡くすことがない世界線にいたかもしれません。

でも今の私は、不思議とそのことを後悔はしていません。私のようにならないように、この本を読んでほしいとも思いません。もちろんこの本を読めば、私のように「あの時、このことを知っていたら」と後悔する人を減らしていくことができるでしょう。ただ、私はそれ以上のことを受け取っているので、むしろ、私のような経験をさせてもらえることは愛されている故だとすら思えているのです。娘を亡くしておきながら愛されているなど、以前の私からみたら完全に狂っています。それでも以前のわたしよりずっと幸せに生きているのは事実なのです。

繰り返しになりますが、私はこの本を、悲しいことが起こらないためのハウツー本や、悲しみの中にいる人を慰める本で終わらせる気はありません。もちろんそれも叶いますけれども、私の中では、大袈裟かもしれませんが、全人類を豊かで幸せにする、今までにない死の概念を提示する本になると思っています。自分で言って恥ずかしいのですが、でもこの本は、私が書いたというよりも、娘や大いなる存在に書かされていると思うので、恥を忍んで言わせていただきます。

今まで多くの人類が恐れて知ろうとしてこなかった「死」について、そろそろ人類はしっかりと知るべき時がきているのではないでしょうか。知った人から、より幸せに生きていけることは間違いありません。実際に、私や私の家族は長女の死後、絶望の底に一度は落ちたものの、今では以前より豊かで幸せな人生を生き始めています。それは私に言わせれば、死が愛だということです。死を知るということは、愛を知ることだったのです。

でも安心してください。あなたが大切な人を亡くす時まで待たなくても、私の体験した「死＝愛」だという証拠や、多くの気づきがこの本に詰め込まれていますから、あなたはぜひ大切な人と、より豊かで幸せな人生を生きてください。

また、あなたが大切な人を亡くされて苦しんでいるのであれば、この本によってその大切な人が与えてくれている愛に気づき、私と同様、苦しみとは無縁の幸せな日常を過ごすことになるでしょう。

またあるいは、私の拗らせた人生からの脱却を、興味本位で読んでいただくだけでも、固定観念がひっくり返り、よりあなたの豊かさや幸せを拡大させるヒントにしていただけると思います。


あなたがこの本を開いたということは、あなたは確実により大きな愛へと導かれています。なぜなら、私自身が導かれるままにこの本を書かされているからです。

私たち、愛されているんですよ。

Ray

目次

Chapter 2

絶望の底ではじめた新しい自分 ～行動編～

Chapter 3

めざめて生きる
～覚醒編～

Chapter

1

娘の自死から学んだこと

〜学習編〜

1　「死んじゃダメってさ、残る側の都合だよね、ウケる（笑）」

娘が自ら命を絶ったのは、2018年5月の、高校に入って初めてのテスト期間中でした。毎日楽しそうに学校のことを報告してくれていましたし、人間関係も良好そうで、家族のことも大好きで、なぜ死ぬ必要があるのか、まったく理解できませんでした。しかも二日前には、手話検定の申し込みをしていたことが後からわかり、遺書もなく、前日の英語のテストで失敗したことぐらいしか、原因は考えられませんでした。

娘亡き後の私は、失敗に落ち込む娘への自分の対応の至らなさや、自分の育て方に責任を感じ、自分を責め、毎日泣いて過ごしていました。泣き続けると、頭がとても痛くなり体中がピリピリと痛むことを、生まれて初めて知りました。下の娘たちが学校に行っている間は、声をあげて泣けていたので、子どもが帰ってくる頃には、一日中泳いだ日のようにぐったりと疲れていました。そんな、体力も精神力も今思えば限界だったかもしれない日々が、二週間ほど続いたある日のこと。とても不思議なことが起こったのです。

その日も私は遺影の前で、娘を亡くした悲しさ、寂しさ、それに救えなかった罪悪感や、自分への嫌悪感など、ありとあらゆるネガティブな感情を感じながら、仏壇の前に座り込んで泣いていました。すると、何だか突然、娘に対して無性に腹が立ってきたのです。あんなに一生懸命育てたのに！　あんなに愛していたのに！　私の自慢の健康で優秀で可愛い子だったのに！　私は仏壇に向かって泣きながら怒りをぶつけました。

「もーなんで死んじゃうんだよ、死んじゃダメだってば!!」

すると、なんと私の額の斜め上のほうから、私を茶化すような、いつもの娘の声が聞こえてきたのです！

「死んじゃダメってさ、残る側の都合だよね、ウケる（笑）」

「え??」霊感もない私に、死んだはずの娘の声が聞こえ、とうとう自分も頭がおかしくなったかと思いました。でも私の妄想だとしたら、「残る側の都合」なんていう自分では思いつくことすらできないセリフが出てくるでしょうか。もうそれは娘が私に対して喋りかけているとしか思えないものでした。

「ほんとだ。なんで死んだらダメなんだろう？　なぜ死を悪いことみたいに思っていたのだろう？　……一体どこの誰が、死ぬことを悪いことだと決めたの？　……もしかして、娘にとっての死は都合がいいことなの？」

一気に世界がすり替わったような不思議な感覚になりました。娘が亡くなったことは確かに悲しく寂しいことでしたが、「悪いこと」が起こったと思って、その絶望に押しつぶされていたそれまでとは打って変わって、「悪いこと」ではないかもしれないと思うことで、重しが取り除かれたように心が軽くなったのです。一筋の光が差した瞬間でした。

そもそも、私が娘の死後とても苦しかったのは、娘が「悪いことをした」ように思っていたからです。祖父母が亡くなった時には感じなかった苦しみでした。悪いことをさせた母である自分や、悪いことを止められなかった自分を責めていたからです。その汚名が返上される希望が見えただけで、私の心は随分と楽になりました。

冷静になってみると、人の死は残された人にとっては悲しいことですが、死は必ず誰もが経験するものです。それなのに、その自分が死ぬ日を自分で決めることの何が悪いのか、その理由を理解していない自分に気がつきました。ただ「悪いこと」だと信じ込んでいただけだったのです。

かかわっていた人に迷惑をかけるからでしょうか。人を悲しませるからでしょうか。または、与えられた命を粗末にしているからでしょうか。粗末にするとは、一体何を基準にしているのでしょうか。自分を苦しめる現実から逃げることとは、自分を大切にしているとも言えるのではないでしょうか。

どう考えても、「死んではいけない理由」「自死が悪いことの理由」は、残された人の都合なのです。死んだ人の都合を考えているものはないのです。娘の声が言う通りだと思いました。

もちろん残される者は悲しいです。でもだからと言って、死んでしまった人を自分の都合を正当化するために悪者呼ばわりするのは、違うと思いました。

自ら死んではいけない理由など本当はないことに、娘の言葉で気づかせてもらった私は、娘本人の選択を全肯定しようと思いました。最初から娘を全肯定できなかった自分が情けないのですが、そんな私を見捨てることなく、こんな重大な誤った思い込みに気づくようなメッセージをくれるなんて、娘はいいことしかしていないのだと思えてきました。

そしてその日から、娘は自らの死に母である私を向き合わせることによって、私が幸せになるよう導いてくれました。死んだはずの娘は、私の専属天使として肉体のない存在に生まれ変わったようでした。

2 自死遺族になって気づいた過ち

死んだはずの娘の声を聞いた私は、その言葉に真実を感じ、娘が自殺したことを悪いことだとは思わなくなりました。それまで自殺を悪いことだと思っていたのも、実は自分で考えたことではなく、誰かの言葉を疑わずに信じただけのことだったとわかり、自分の愚かさを反省し、娘を全肯定すると決めました。

ところが、それでもまだ、私は苦しく生きづらさを感じていました。娘が悪いことをして、私も娘を死に追いやった悪い母親だから、罪悪感を感じて苦しいというのなら、娘の行動を全肯定した時点で、罪悪感はなくなるはずです。私が自分の行動を反省することはあったとしても、死ぬことが悪いことでないのなら、寂しさや悲しさだけを味わうはず。それなのに私はまだ苦しかったのです。

何が苦しかったのか。私は、世間の目を恐れていたのです。

自死遺族になった直後、私はこんなことを思っていました。「子どもを死なせた親になっちゃった」「私は子どもの心に気づけない母親だったんだ」「親なのに子どもを死に追いやってしまった」「無理して自慢の娘を演じさせてしまったのかも」「親子で本音を話せていなかったんだ」「もう堂々と外を歩けない」……。

なぜこんなことを思ったのか。それはまだ娘が生きている頃、自殺した子のニュースなどを見ることがあると、まったく知りもしないその親に対し、子どもを死なせた親だとか、子どもに無理をさせる親だとレッテルを貼っていたからです。考えがあってのことではなく、本当のことは何も知らないのに、誰かの憶測や勝手な偏見を鵜呑みにしてジャッジしていたのです。

それが自分が自死遺族になってしまい、今度は自分が誰かにそのレッテルを貼られると想像して怖くなったのです。さらに私は自死遺族の人を過去に偏見の目で見ていただけでなく、今度は失礼なことに、過去の意地悪な自分の亡霊を世間の人に投影して、周りの人も過去の自分と同じように、私を批判するのではないかと疑ってしまったのです。

でも実際には私の周りにはそんな人は一人もいませんでした。みんな優しく寄り添ってくれる人ばかりでした。世間の目とは、何のことはない、自死遺族になる前の私の目。自分を苦しめていたのは、自分自身だったと知りました。

猛省したのは言うまでもありません。本当にひどいこと、失礼なことをして申し訳なかったと思います。今となっては、心の中で、またはこうして人様に晒して懺悔させていただくことしかできませんが、偏見を持っていた自分を間違いだと認め、あらゆる偏見をやめようと心に誓うことができたこの体験に、本当に感謝しています。

私は娘のおかげで、ありがたいことに、偏見という愚かな習慣を捨てられました。

そして偏見を持っている人を見かけても、その人は過去の私と同じ無知な人だと思えるようになり、恐れるどころか、その人がいつか偏見を乗り越えることを陰ながら応援できるようにまでなりました。娘が私を導き育ててくれているように感じました。

娘が死んだことは悲しいことです。生きていたらよかったと今でも思うことはもちろんあります。でももし死んでいなかったら、私は今も偏見で誰かを傷つけ、自分も人の目を気にして世間に怯えながら生きていたかもしれません。想像するだけで恐ろしいです。そう思うと、娘が死んで私に体験させてくれていることは私だけでなく、この世全体に対する愛なのだと思えてきました。

そして、この気づきの経験から、自分を苦しめているのは自分だと知った私は、それからというもの、バッサバッサと苦しみを手放していけるようになったのです。

3 苦しみを解放する手順

娘の死を全肯定してもなお苦しかった私は、結局自分が自分を苦しめていたことに気づき、自分が苦しいと思った時、何に苦しんでいるのか、なぜ苦しいのかを自分に問うことが習慣となりました。幸い、絶賛絶望中の引きこもりの私には世の中など見えていないので、自分に集中して苦しみの断捨離を行う場所と時間がしっかり確保されていました。これも、娘の采配なのかと思えました。

自分との問答の時間の中で、やはり苦しみというものは、どんな場合にもほぼ自分で創りだしていることがわかりました。状況に反応して感じる悲しみとは種類が違い、苦しみは自分で消していくことができるものだったのです。自分次第でその苦しい状況は変えられるのです。

たとえば、人の目が怖くて苦しいなら、なぜ苦しいと思うのかを考えてみる。そうすると、人は人を怖い目で見るものだと思い込んでいるわけです。さらになぜそんな発想になるかといえば、自分が人を批判的な目で見た経験があるか、または誰かを批判している人と話をした（話を受け入れた）ことがあるからなのです。

私の場合、それを認識し、自分からやめようと手放したことで、人の目の怖さから解放されました。でももし、私が他人を批判的に見ていた自分を正当化し続けるなら、私は今もずっと人の目の恐ろしさから解放されなかったままでしょう。

私が苦しみを解放した手順はこんな感じです。

苦しいこと→①なぜ苦しい？　→②自分の思い込み発見→③その思い込みの原因は？　→④原因を手放す→⑤解放される。

この手順は、あらゆる苦しみの解放に使え、セルフセラピーと言ってもいいくらい効果的でした。日々の苦痛とも言えないちょっとした違和感もこの方法でスッキリしてしまいます。

例1：遺族であることが苦しい→①人の目が怖いから→②子どもを救えなかった親と思われると思っている→③自分が自死遺族に対して思っていたことがあるから→④自分の行いは間違いだと認める→⑤偏見の目は過去の自分の目なので、未熟な自分を見るようで怖くない。

例2：今日の弁当は苦痛だ→①ピーマンがあるから→②まずいけれど食べなくてはいけないと思っている→③子どもの頃から好き嫌いはいけないことと言われていたから→④食べない自分を許す・「嫌いなものがあることはいけない」という意見を信じなくてもいいと認める→⑤食べない。

例3：学校が苦しい→①行きたくないから→②行きたくなくても行かなくてはいけないと思っている→③学校に行くのは普通だから（普通でないことは悪いと思っている）→④普通じゃなくていいと許す→⑤学校に行かない。

この方法では一つだけ、勇気がいるポイントがあります。人に代わってもらうことができない最重要ポイントです。

それは④の思い込みを手放すところ。自分が信じてきたこと（③）を正当化したい気持ちを捨てるのは、なかなか勇気がいることだからです。

たとえば、ピーマンを食べない自分を許すためには、親に無理やり食べさせられてきた自分を間違いだったと認める必要が出てきますが、一生懸命食べていた自分が無駄だったのかと思うのは結構辛いもの。でもピーマンを見るたびに苦しくなるのが嫌なら、向き合わなくてはいけないポイントなのです。

私が引きこもっていた絶望の底には、まだまだたくさんの娘の死に伴う苦しみがありましたが、この方法で一つ一つ丁寧に自分の思い込みを手放していくことで、ありとあらゆる悩みや苦しみが消えていきました。

自分が信じてきた正しいことを覆すのは容易ではありません。でも正しいことをしているはずなのに苦しいのなら、正しいことをする必要はあるのでしょうか。何のための正しさなのでしょうか。幸せにならない暗黙のルールは、法律でもないのなら、むしろ手放すだけで、それだけでありのままでいられる自由、すなわち幸せを味わうのではないでしょうか。

4 ポジティブが良くてネガティブが悪い？

娘が死んで引きこもりになってからの、絶望の暗闇にいる私は、現実世界への興味をなくし、ほとんど自分のことしか認知できなくなっていました。しかもそれは肉体の感覚というよりは、心の感覚。肉体やその外側で起こっていることには無関心で、心が感じる痛みや苦しさや違和感に敏感になっていました。

自分の心の反応と、それまで真実だと思っていた現実の暗黙のルールに、ズレが生じているのがわかりました。たとえば、「ポジティブが良いことで、ネガティブが悪い」という概念です。ネガティブに分類していることでも、私を癒やしてくれるものがあることに薄々気づいてきた私は、この概念にも違和感を抱き始め、深く考察してみようと思いました。

私は、物心ついた頃にはすでに「ポジティブが良いことで、ネガティブが悪い」という固定観念を持っていました。これは確実に母の影響だと思います。母を責めているのではなく、母が私の世話をしてくれた証です。明るく元気でニコニコして生きていれば、母が笑ってくれるけれど、逆にメソメソ泣き続け、機嫌が悪く、ダラダラ生きていると、母は不機嫌になり怒りました。

たいていの子どもと同様に、子どもだった私にとって、母が笑っていることとは良いことで、母が怒っていることは悪いことでした。母も私もヒトという動物ですから、本能的に命が脅かされることは避け、命の安全があることを好みます。無意識に自分の命を守れるようにするための高度な機能がヒトにも備わっているのですよね。笑っていられるのは安全だからであり、怒っているなら不安があるということですから、人が笑顔を好み、怒りを嫌うのは自然なことなのだと思います。

でも、成長するにしたがって、幼い頃には知らなかった「ポジティブ」なんて言葉を社会から仕入れると、「どうやらポジティブとは、元気であることや気分を上げてくれることらしい。ということは、笑いもポジティブなことだから、ポジティブとは良いことだ」などとポジティブを良いこととして定着させたのだと思います。

でも実際は、ポジティブとかネガティブというのは、比較や分類に便利な言葉というだけで、一般的にネガティブなこととして語られることでも、その体験の中には人によって、良いことも見つけられます。ポジティブもネガティブも、良いも悪いも、ケースバイケース人それぞれです。

たとえば、私は娘の死に絶望していたわけですが、絶望という言葉はネガティブに分類されるのでしょうが、絶望は私を社会から切り離してくれることで、自分を見つめ、自分の思いを聴き、自分だけの力で立とうとする意思を持てるまで休ませてくれました。これって、愛だと思いませんか？　絶望はネガティブなことですが、悪いことなのでしょうか？
また逆に、笑いや活動的であることなどはポジティブなことだと思いますが、だからといってすべての人にとって良いことというわけではありません。時と場合によっては受け取れないこともあり、「ポジティブ＝良いこと」の定義は逆に人を苦しめることだってあると思うのです。

もう一つ例え話をすると、私は自分自身が弟二人のいる三人兄弟の長女で、母に可愛がられる弟たちの横でいつも承認欲求を募らせていました（大人になってから聞いたのですが、弟は、母が私のことばかりを褒めていると思っていたようで、意外でした）。母に認められたい、誰かに褒められたい気持ちが原動力となり、一生懸命ポジティブに生きてきたので、それなりにたくさんの有意義な体験をして充実はしていましたが、人に認められるための頑張りは、自分が自分を認めるまで、どこまで行っても満足することがありません。

娘が死ぬ直前の私は気づいていませんでしたが、私はポジティブな自分に疲れ果てていたと思います。ポジティブであることは私にとって必ずしも良

娘の自死から学んだこと
〜学習編〜

いことではなかったのでした。

ポジティブだから良い、ネガティブだから悪いという、以前は真実だと思っていた概念も実は思い込みでしかなかったのです。世間の大多数の声や常識を採用することは安心ですが、その安心はごまかしでした。自分で物事を見て、自分がどう感じるのかを知ることをせず、マニュアル化された思考でジャッジしていただけだったのです。

アインシュタインは言いました。
『常識とは十八歳までに身につけた偏見のコレクションのことだ』

悪意なく、無意識に偏見を身につけてしまうことはあります。特に日本人は謙虚で、道徳心から人の言うことをよくききますし、皆が集団で同じような教育を受けているため、正義の名の下に、偏見を正当化してしまうところがあるような気がします。

たとえば「みんなと仲良くしましょう」という言葉。仲良くできない時だって普通人間ならいくらでもあります。でもその自分を責めてしまう原因になる言葉を知らぬ間に身につけているのですよね。

誰も悪くありません。誰も好きで偏見を持ったわけではありません。でもその偏見によって、人は自分で自分を苦しめているだけだと、私は絶望の底で何度も思い知らされました。

ポジティブが良くて、ネガティブが悪いという私の思い込みは間違っていたと思います。もちろんポジティブなほうが気持ちいいことが多いですし、私自身ポジティブなものの見方をする人だからこそ、こうして今、絶望的に見える過去を天国への導きだと思うに至っているのですが、でも、ネガティブな中にも愛はありました。ネガティブを体験できることは実は幸せです。苦し紛れでなく、本気で思います。

なぜなら、ネガティブなことの中にも自分を癒やすものがあると身をもって体験した私は、この世のものすべてがポジティブとネガティブに分類されるとしても、そのどちらにも愛があるということを知ったからです。どちらにもあるということは、この世のどこにでも愛があるということです。そして分類しないとしたら、すべてがそもそも愛なのだと気づいてしまったのです。

誰かにとって良いものは、誰かにとって悪いもので、誰かにとってポジティブなものも、誰かにとってはネガティブなもの。すべてのものはポジティブになり得るし、ネガティブにもなり得る。この世は本来、常識という名の偏見がなかったら、すべてのことを、人それぞれ思いたいように思っていいですよと許されている世界ということになるのではないでしょうか。私たちはすでに愛の中に生きているようなものなのだと思うのです。

5 「自分の責任」と「自責」

自分の責任を取ることと、自分を責めること。同じ漢字を使っているけれど、意味はむしろ真逆だと自死遺族になって気づきました。娘が自殺した時、私は自分を責めました。自分を責めることで、自分を罰して、娘に許しを乞うていたような気がします。それが、娘を自殺させてしまった親の責任を果たすことなのだと思っていたかもしれません。でもそれはまったくのお門違いでした。

私は、2018年の5月に娘が亡くなった二カ月後の7月からアメーバブログを書いています。引きこもって何もせず仏壇に向かっていた時に、ふとブログでも書こうかなと閃いたのです。ここにも書いてきた通り、私自身が以前と変わった生き方を始めていましたし、何かこの先も気づいていくことがあるような予感もあったと思いますが、突き動かされるように、私はブログを書き始めました。

アカウントを取得した私は、とりあえず同じような発信をしている人を探そうと、「家族　自殺」とインターネットで検索してみました。たくさんの遺族がすでにブログを書いていることを知りました。自殺のことを「自死」と呼ぶことや、「自死遺族」という言葉や、子どもを失った母親を表す「天使ママ」という言葉もこの時初めて知りました。ブログランキングのサイトには、しっかりと「自死遺族」というカテゴリーまであり、一つの文化、またはコミュニティのようになっていることに驚きながら、いろいろな方のブログを読ませていただきました。

読めば読むほど、ますます自分も発信したくなっていきました。もしも自分の考えと同じ人がすでにブログを書かれていたら、そのブログに共感して終わりだったかもしれませんが、娘が言っていた「死んじゃダメって残る側の都合だよね」という考えの方は見つけられず、娘を肯定したい一心で、その言葉をこの世に表現し残したいという欲求が膨れていきました。

そして同時に、自殺が悪いことだという前提で、子を止められなかった自分を責め、後悔を嘆いて、ただ死ぬ時を待ち、人生を諦めているような投稿への違和感も私を突き動かしました。もちろん残された私たちは辛いです。ただ、大好きな家族の苦しむ姿を見たら故人はもっと辛いのではないかと、そちらのほうが気になって仕方がありませんでした。

自分も同じようなことをしていましたが、第三者目線で見たことで、自分の苦しむ姿は、娘を苦しめているかもしれないと気づかせてもらえました。娘は何も悪いことをしていないのに、このまま私が苦しんでいたら、娘の死は私を苦しめている原因になり、ひいては自殺をした娘が加害者のように言われてしまうかもしれない。そんなことは絶対に避けたいと思いました。

私は娘に苦しんでほしくありませんし、娘を悪者にしたくありません。今も、いつまでも幸せでいてほしい、ただそれだけです。もしも死んだ理由が何かあったのだとすれば、その理由は、この世からいなくなるほうがより幸せだったからだと思うのです。それがたとえ私のせいだったとしても、自責して娘が幸せになるわけではありません。ですから、娘がずっと幸せでいるように何かできることがあるのなら、それを全力でしたいと思いました。

考えてみると、肉体を脱いだ子に対して、親の私が差し出せる愛は、お金でも抱きしめることでもなく、ましてや肉体がないことを寂しいと嘆き続けることでもなく、娘が幸せだと感じてくれるように私を生きるだけしかありません。

そこで私は、どうしたら娘は毎日喜ぶだろうかと考え、肉体を持たない娘の代わりに、娘の言葉や、娘のくれた体験や、娘に気づかされたことなどを、感謝の言葉を添えてブログに書くことにしました。失ったものではなく、与えられているものにフォーカスした内容にしたのです。それはきっと娘が喜んでくれるはずだと思いました。

そして書いているうちに、娘を幸せにする行動とは、どうやら私自身を幸せにすることだということがわかったのです。私が娘の死に向き合い、死から学んだことを利用して幸せになっていく時、娘は私を幸せにしていることになります。人を幸せにできることは娘にとって喜びであるはずです。

逆に私が不幸になる時、娘は私の不幸の原因になってしまいます。不幸の原因なんて娘が喜ぶはずがありません。もしも私が自分を責め、自分を不幸だと言い、それを自分の責任だと言って嘆くのなら、それは親として何の責任も果たしていないどころか、娘を攻撃しているのと同じなのです。

世の中には、自殺はいけないことという概念があると思います。私もそう思っていました。ですから私たち遺族が苦しみ続けることは、自殺を抑制する上で効果的かもしれません。しかしそれは、言葉は悪いですが脅しでしかないと私は思います。

残された家族が苦しむからという理由で、死にたくなるほどの苦しさを我慢させるだけでは、自死することはなくても、救ったことにはなりません。もちろん、だからと言って自殺をさせていいとは言いません。そうではなく、自殺がしたいなんて思わないほど幸せな世界を作る一員になったほうが良いのではないかというご提案をしたいのです。

そのために自分を責めるのをやめ、まず自分を満たす。すると自分だけでなく、それを喜んでくれる人のことも幸せにできます。娘のおかげでこのことに気づけた私は、責任を持って自分を幸せにしています。

自分の責任とは、自分を幸せにすること、それだけです。一人一人が自分を幸せにする責任を果たす時、確実に地球上のすべての人が幸せになります。それが実現できるように、勇気を出して一人一人が遠慮せずに自分を幸せにしてほしいです。私は勇気を出してみて良かったと思っています。

娘のことをブログに書こうと思ったおかげで、私は娘を愛し続ける方法と、自分を幸せにする方法だけでなく、世界中の人が幸せになる方法にも気づいてしまいました。こんな気づきをもたらしてくれる娘に対して、私のせいで……なんて自責していた自分が恥ずかしいです。娘はただ愛を与え続けてくれているだけですからね。

6
笑顔は「なるもの」ではなく「なってしまうもの」

私は小さい頃、母に「笑って笑って」とか「がまんがまん」と泣くたびに言われた記憶があります。そして母は続けて「笑っているといいことがあるよ」とか「笑っているほうが可愛いよ」などと私に言いました。幼い私は、泣いたり怒ったりするより、笑っていることのほうがいいことで、親からも喜ばれることなのだと学びました。そしてとても我慢強く、自分の痛みに対して泣かない人間になっていきました。

私が小学生になった頃には、母は新興宗教にのめり込み、教えである感謝の言葉や笑いの大切さを私に説き続け、嫌なことがあっても、笑い飛ばしてしまおう！　というような、少々強引な雰囲気が家庭内にはありました。さらに、私が高校生になった頃には、母は心理カウンセラーとしても働きはじめていたので、精神医学や心理学の観点からも笑顔や感謝の大切さについて教えてくれた記憶があります。今思えば、母は私に教えながら自分に言い聞かせていたのだとは思いますが、私は素直に自分に向けられた親の教えとして受け取っていました。

実際、親に教えられた通り笑顔でいると、誰とでも仲良くなれましたし、多くの人から気に入られるのは事実で、友達作りや仕事の人間関係で苦労したことはありません。精神世界に興味を持って本を読めば、そこにも感謝や笑顔の大切さが書かれており、自分の人生経験の裏付けもあって、いつの間にか私は笑顔信者となっていたと思います。

気づけば、私はいつも笑っていました。いつも笑っているなんて聞こえはいいですが、特に楽しくて笑っていたわけでもなく、喜ばれて得をするための社会を渡り歩くツールとして笑顔を使っていたと言ったほうがいいでしょう。「笑顔」とは「作るもの」だと思っていました。そして私だけではなく社会全体が笑顔をもてはやしていて、普通の人はみな笑顔を作っているのだと思っていました。それは社会を気持ちよくするマナーのようなものであり、意識して「なるもの」だと思っていたのです。

そのようにして笑顔の重要性を性根に叩き込んだ私は、いつどんな時でも笑顔でいることを心がけ、いつからか怒りや悲しみはもちろん、寂しさを感じる時でさえ、それらの感情を心の奥に閉じ込め、顔は笑顔でした。感情的に怒ってしまおうものなら、それは私の中では至らない人間であり、自己嫌悪に陥ったものです。

でもあの日、私は笑顔を失いました。今までどんなに嫌なことや怖いこと、辛いことがあっても笑顔で乗り切ってきましたが、娘が救急車で運ばれたと学校から知らせを受けた瞬間、私の笑顔は消えました。

娘の自死から学んだこと
〜学習編〜

娘が亡くなり、引きこもりを決め込んだ私に笑顔はもう必要ありませんでした。息をしているのが精一杯で笑顔を作る余裕もありませんし、絶望の底からこの先社会に復帰することすら考えられません。それに笑顔でいたのは相手に好かれるためです。誰にも会いたくなくて全世界の人から嫌われてしまいたいくらいなのに、笑顔など願われてもしたくありませんでした。

そして、どうにか生きていくためにも、無理をしないように生きようと決めた私は、無理も我慢もやめて、仏壇に向かって大声をあげて泣き、先に逝ってしまったと怒り、他の娘たちまでも死んでしまったらどうしようと怯え、歯に衣着せず笑顔なしで心の内を言い放ちました。自暴自棄になりネガティブ行動のオンパレードでした。

そんな私に対して、家族はまったく変わってしまった私を嫌うどころか、私の感情のままの振る舞いを咎めずに、優しく見守ってくれました。私は、人の目を気にせず、幼い頃からずっと閉じ込めてきた、心の中のありとあらゆるネガティブな感情を、自分の体の外側に遠慮なく放出していきました。

その作業は、自分を取り戻しているような自分を改めて見つけたような、自分を生きている感覚がありました。ネガティブな行動をとっているはずなのに、清々しくて、潔い自分を喜んでいる、今までに体験したことのない不思議な感覚でした。

それは例えるなら、友達と授業をサボって遊びに行くような、ちょっとワルな自分を楽しんでいる感覚に似ていました。以前なら、感情のままに怒る自分のことを許せず、罪悪感で自己嫌悪に陥っていたと思いますが、罪悪感はもう私にはありませんでした。なにより大事なのは、下の娘たちのためにも生き続けることなのです。ワルになるくらいどうってことありません。

でもしばらくそのような行動を取り続けていると、罪悪感は感情のままに怒っていたから感じたのではなく、怒った自分のことを責めていたから感じたのだということを、私は体感から理解していきました。なぜなら、怒ったことを責めない、ありのままの自分を許した私には、罪悪感が生まれることはなく、むしろ怒ることで、生きていることを喜んでいる感覚があったからです。

娘の自死から学んだこと
～学習編～

そんなありのままの自分を生き始めた私は、引きこもっていたある日、パソコンで映画を観て笑っている自分に気づきました。暗くなった画面に笑った私の顔が映っていました。いつの間にか笑えるようになっていたのです。しかも誰かに見せるための笑顔ではなく、おもしろいから自然に笑っていた笑顔でした。泣いたり怒ったりするように、自分の感情を現した笑いでした。

その画面に映った笑顔の自分を見た時、とても優しい気持ちになり、涙が溢れました。娘が自然に笑えるようにしてくれたのだと思いました。もちろんそれまでも自然に笑えていたこともあったと思いますが、笑っている自分にフォーカスを当て、自分が笑っている姿に幸せになる自分を体験したのは生まれて初めてでした。

そして気づいたのです。幸せになるために笑わなくても、自然と笑顔になるような幸せがもうすでに身の回りにたくさんあるのだということを。

怒ったり泣いたりしていても、人はいつでも幸せになれるのでした。むしろ怒りや悲しみを我慢して作り笑顔でごまかして生きることは、自然な笑顔を忘れてしまう程、辛いことだったかもしれません。

怒りや悲しみを我慢するために笑顔になっている時、その笑顔は私自身を幸せにするどころか傷つけていたのです。本当は怒りや悲しみを感じているのに、その自分を許さず、自分を否定していたのです。本当は怒りたいのに、「怒っちゃだめ」と言われて気持ちいい人がいるでしょうか。不満に思うか、罪悪感を感じるかのどちらかです。まずは怒りを放出させてあげることが大事だったのです。

怒りたい時に怒り、泣きたい時に泣き、笑いたい時にだけ笑えるようになった私は、自分を正直に生きられているだけで十分幸せで、笑顔を作って幸せになろうとする必要がありません。自分でいることが幸せ過ぎて、すべてに感謝したくなり、勝手に笑顔になってしまうのです。

笑顔にはたくさんいいことがあります。でももしも、心からの笑顔でないのであれば、一度、自分の心の奥に閉じ込められた他の感情を思い切り出してみることをお勧めします。どの感情を出しても許されていることを体験することができた時、無理して笑わなくても、心から笑えますから。

娘の自死から学んだこと
～学習編～

7
悲しみが教えてくれたこと

大事な娘が自ら命を絶つという出来事は、これ以上の悲しみはないと断言できる悲しいことでしたが、私を成長させ、より大きな幸せをもたらしてくれる愛だったと今は思っています。そして悲しみを抱えて生きていることは、実は幸せなことかもしれないと思っています。なぜならその悲しみは、私が幸せに生きていくために必要な二つのことを、教えてくれたからです。

一つ目は、心の場所です。娘がまだ生きていた時の私は、本当に忙しく動き回っている人でした。仕事にボランティアに子育て、趣味、遊び、勉強に自分磨き！　いつもアンテナを外に張り巡らせて活躍の場を求め、成長を求めていました。自己否定からくる自らに対する不足感のために動いているなど気づきもせず、肩書きや見た目で武装して、いつも元気で明るい快活な人を演じていました。

それが、娘が亡くなってしまった日から、私は何もせず、ただ悲しくて泣くか呆然と座り続けるだけの人になりました。悲しみのせいか、忙しかった日々の中ではごまかしていた、体の痛みも敏感に感じられるようになっていました。体に力が入っていない感覚、胸からみぞおちのあたりが、常に押しつぶされているような鈍い痛み、子どもの頃以来の久しぶりに感じる体の感覚でした。

それらの体の感覚は、悲しみという感情が湧き出る「心」という場所を教えていました。どうにも制御ができないほどの悲しみは、心の場所と、そこから湧き出る感情があることを知らせました。家庭や社会でうまく生きていくために自分の感情を押し殺して生きていた私が、本当の自分の思いを知ることができる場所を思い出すことができたのです。

この深い悲しみを体験していなければ、残念ながら私は今も自分が何をしたいのかも、何を幸せに思うのかもわからないまま、自分探しという名目で、忙しく動き回り、ますます自分を見失っていたと思います。娘がその生き方に終止符を打ってくれたのだと思います。

心で何を感じているかがわかるようになった私は、苦しいことをやめたり、無理や我慢をしているのに気づいたりすることができるようになったのです。そして娘が取り戻してくれた心の声を聞きながら、自分がどうしたいのか、何をしたらいいのかがわかるようになり、こうして自分の言葉を記録していく自分を見つけているというわけなのです。

悲しみが教えてくれたもう一つのことは、悲しみは、それだけ愛していた人と暮らせていたという証明だということです。もうすでにたくさんの幸せを与えてくれていたから悲しいのであり、自分が人生を捧げたい愛しい存在にすでに恵まれていたということなのです。ならばあとは恩返しをするだけなのです。

また、そのことを知れたことで、私の生き方は変わりました。もしも自分とかかわりを持った人がこの世からいなくなる時、私はそのすべての人の死をきっと悲しむでしょう。そうだとしたら、私はもうすでにその人から愛を受け取っているということです。私と出会うすべての人がすでに恩返しの対象だと知っていると、いつでも感謝して生きていられます。それはとても幸せなことです。

確かに人が死んでしまうことは嫌なことではあります。でも人は、いつか必ず死にます。その時に悲しくても後悔しない生き方があるとすれば、いつでも誰にでも「今」恩返しの気持ちで接することです。そしてその生き方は実は自分を幸せにする生き方です。常に恩返しをしたくなるほど、自分が恵まれていると認識することは、とても幸せなことだからです。悲しみは愛の循環も生み出してくれるものだったのです。

この他にも、悲しみのおかげでたくさん愛を受け取っています。たとえば悲しくて泣いていたおかげで、人の優しさに触れたり、逆に悲しむ人の気持ちが理解できる自分も手に入れました。また、悲しくて大泣きするのでお肌に優しいガーゼのハンカチを手作りしたのをきっかけに、ハンドメイドショップを開いたり……すべて娘からのギフトです。

心の場所がわかっていると、心に従って生きることができます。人にとって自分の心のままに生きていられることほど幸せなことは他にありませんから、私は今とても幸せです。

こんな生き方ができるようになったのは、紛れもなく娘の死という悲しい出来事があったからです。悲しみとは、心の在り処を教えてくれて、愛しい人と人生を共にしたことを教えてくれて、さまざまな愛のチャンスを届けてくれる愛でした。

8 生きているだけでいい

「生きていてくれるだけでよかったのに」娘を亡くした悲しみの中で思いました。

「生きているだけでいい」と思えたのは、残念なことに娘が亡くなった時が

娘の自死から学んだこと
～学習編～

初めてでした。
生まれてくれた子どもたちに対して、生きて存在しているだけで、幸せを体験させてくれることに、心から感謝していたことは間違いありません。ですが、まさか娘が死ぬことになるなど想像もしていなかった頃の私は、「生きているだけでいい」なんて思ったことはありませんでした。それぐらい生きていることが当たり前で大前提であり、その上で、より楽しく充実した人生にしてほしいと思って、いろいろなものを与えようとしていました。それは自分自身に対しても同じように思っていたからだと思います。

娘を亡くす前の私は、いつも何か「行動していなくてはいけない」というような信念がありました。せっかくこの世に生まれたのだから、よく学び、自分の能力を発揮して人様のお役に立ち、豊かさをシェアできる人になろうとすることが大事だと思っていました。その信念は実は今もあります。でもあの頃の私は、今の私とは違って、それが人から認められる条件であり、人から認められることが大切だと思って、親や世間に認められそうな良い子、良い妻、良い母、良い嫁になろうと、常に努力して頑張っていました。

でもそのような生き方をしていた私は、良い子、良い妻、良い母、良い嫁になれない自分を見つけては、勝手に自分のことを生きている価値がないように感じて、頑張りが足りないのだと責め、もっと頑張らなくては意味のない人生になってしまうとでもいうかのように、頑張ることをやめられない人間になっていました。そして頑張ることはいいことのように娘たちに自分の姿を見せていたと思います。

そして、娘が亡くなった時、生きていてくれさえすれば、それだけで私は幸せにしてもらっていたということに気づいたのです。人は、そこに息をして存在してくれているだけで、誰かを幸せにしているのだということを体感として知りました。そしてそれは同時に、私を含めたすべての人が、「生きているだけでよかったのに」と言われるに値する存在だということであり、すべての人が生きているだけでいいということなのだと教えてくれたのでした。

娘の存在は私の幸せそのものでした。娘は優しさも運も、力も健康も美しさも、すべてを持っているような不思議な子でしたが、娘が何も持っていな

娘の自死から学んだこと
～学習編～

くても、きっと私は幸せでした。息をしているだけで可愛く、愛おしい存在でした。それなのに親の私が自分自身を否定して、ありのままでは無価値だと思っていたために、娘に自分と同じ辛い思いをさせたくなくて、さまざまな経験を先回りして与えてしまっていたように思います。本当は娘が存在しているだけで十分に幸せだったのに、娘のためという名目で、私の無価値観の埋め合わせをさせてしまっていたのかもしれません。

娘が死を選んだ理由は遺書もなく本当のことはわからないままですが、私が思いつく原因は前日のテストの失敗だけです。完璧主義だった私に似て、自分を責めたのかもしれません。もしも娘がテストの失敗程度で自分を責めるようなことがあったのであれば、それはわたしを見て育ったせいなのだと思います。

ですから、私が反省し懺悔し、娘を供養する方法があるとすれば、今からでも、人は生きているだけでいいのだということを、私が見せてあげることだと思っています。娘には何も自責する必要などなかったのだと知らせてあげたいですし、私を含めたすべての人間が、ただ生きているだけでいいことを肯定して生きていきたいと思っています。

そして実際に、自分に「生きているだけでいい」ことを許して数年生きてみて思うのは、「生きてるだけで丸儲け」だということです。この言葉を聞いたのは、タレントの明石家さんまさんが、お嬢さんのいまるさんが生まれたことをテレビで報告し、お嬢さんの名前の意味を話している時でした。その時は変わっている名前だと思い、お嬢さんが成長されてどう思うか心配しましたが、今はとてつもなく大きな愛情が溢れた名前なのだなと尊敬しています。私たちは何かを頑張らなくても、何も不自由がないのはもちろん、むしろ何もしていないのに、それで十分価値があるのです。

人は自分では何もしていないつもりでも、自然とやってしまっていることが、人の役に立っていたりすることがあります。無理して良いことをしようと頑張って、自分をまだまだだと否定するより、何もせず生きているだけのほうがむしろ「良いこと」をしているのかもしれません。

娘の自死から学んだこと
〜学習編〜

娘は自らの命と引き換えに、私に「生きているだけでいい」ことを教えてくれ、そしてそのことを多くの人に私を通して知らせようとしてくれています。娘は、私に遺族の辛さをわからせた上で、生きなければいけない状況を作り、そして無理ができない状態にして、「ただ生きる」ということをさせようとしてくれているのだと思います。

自分の命を生き切ることは大切なことですが、難しく考えず、本当にただ生きているだけでいいのです。娘はそう私に教えてくれました。そしてその世界は地上の天国でした。今はただ娘のためにこうして記録を残し、あとは日々思いつくままに暮らしているだけですが、それがとても平和で楽しくて幸せです。

9 子は親のもの？

娘たちのことを宝物だと思っています。子どもに対しても「ママの宝物〜」などと、抱きしめた時などについ言ってしまいます。この言葉は、私の本心ですし、娘たちもまんざらでもなく嬉しそうにする言葉なのですが、長女を亡くしてから、この言葉は一歩間違うと危険な言葉かもしれないと思っています。

私は娘の死で「自分の大切な宝物」を失ったと思い、その喪失感は、自分の胴体に大きな穴が空いてしまったかのような激痛として感じられました。

それが子を失った親の当然の感覚だと受け入れましたし、娘が亡くなる以前も、子を失った方のことを見て、自分の一部がなくなってしまったような気持ちだろうなと思ったものです。でもある時、自分のその感覚は危ないと気づかされることがあったのです。

娘の自死から学んだこと
〜学習編〜

娘の死後、引きこもっていた私は、映画ばかり観ていたせいか、ファンタジーに溺れて「タイムマシンが実用化されたら、また娘に会える！」などと期待していた時があります。そして、もしも実用化されたら、絶対にあの日に戻って、パートを休んで、娘が死なないように過去をコントロールしようと妄想をしていました。

そんなことを考えている時は、辛さを忘れられるので、タイムマシンは絶望中に少しブームとなりました。タイムマシンを開発しようとした人の本を読んだり、パラレルワールドにはもう存在しているのではないかと思って、パラレルワールドを移動する術を学ぼうと思ったり、少し頭がおかしくなっていたのは確かです（今もおかしいかもしれませんが）。

そしてそんなある日、その頃大好きだったジョニー・デップ出演の「ツーリスト」という作品を見た夜のことでした。寝ている私の夢の中で「物欲・所有欲」という大きな文字が私めがけてぶつかってきて、びっくりして私は目を覚ました。

それは映画の中の、悪役マフィアのドンが言っていた「私を駆り立てるのは、物欲と所有欲だ！」というセリフでした。そして、「私がタイムマシンに夢中になっているのは、どうにかして娘の肉体を取り戻したいからで、娘の肉体の有無に執着している物欲や所有欲の現れだ！」と文字にすると長いのですが、瞬間的にパッと理解したのでした。

「宝物＝自分のもの」、要するに娘のことを自分の所有物のように思ってしまっていた自分がいることに気づいてしまったのです。過去を振り返ってみると、確かにそのような錯覚をしてしまう時があったと思いました。でも娘はモノではありません。娘は自分の人生を生きたくて、自分の体を纏ったはずなのです。私が親の人形として生まれたわけではないように。

そして、娘の肉体がないからといって、私は娘の母親でなくなるわけではありませんし、娘との思い出もなくなりません。もちろん自分から何かが欠落しているわけでもなく、私は娘を抱きしめる機会以外、実は何も失っていないかもしれないのでした。娘の死は、ただ、娘が娘自身の体を必要としなくなったということ。娘の体は、娘のものであり、私の所有するかわいいお人形ではないのですから、私は何も失っていないのです。

私はタイムマシンで過去に戻り、一体何をしようとしてのたかと言えば、娘の肉体を私の人生に取り戻そうとしていたのです。娘が娘の体をどう扱いたいと思っているかよりも、私が娘の体をどうしたいかという視点でコントロールしようとしていたのです。肉体がないことを嘆いているということは、物欲や所有欲を満たしていたものがなくなったと嘆いているだけなのだと私には思えました。

実際は、私が私の宝物にしてあげたいことは、愛情を注ぐことだけです。それはこれからもできるのです。宝物を持っていることを誰かに見せびらかすことはできなくなりましたが、そもそも子どもを見せびらかすために育てていたのなら、自分を不足感で呪っていただけです。親の不足感を埋めることが子の役割ではありませんよね。

肉体はその所有者が使う道具です。娘が自分のために役立てればいいのです。そして、その肉体の中にある彼女自身が私の宝物だったのですから、今だって私はその宝物を愛でることができるのだと思えました。肉体がないのなら、それこそいつでもどこでも愛することができます。

お釈迦様が、子どもを亡くして泣いている親に出会い、「これからどうやって生きていけばいいのでしょう」と言われた時に一言、「今まで通り愛してください」と言ったそうです。本当にその通りです。親がすることは、肉体があってもなくても、それしかありません。

物欲、所有欲というと抵抗感のある方もいるかもしれませんが、言い方を変えれば「依存」というのかもしれません。私の場合、自分に不足感があったために、娘で穴埋めをしていたところがあります。娘という宝物を所有しているから自分が満たされていると思ってしまっていたのです。自分自身を満たす努力をせずに、娘を利用して自分をごまかしていたのです。

誰かに依存している時、自分に価値を見出していません。それは自分に不足感を生み、自己否定をして、無理して頑張り過ぎたり、やる気をなくしたりして、周りにマイナスな影響を与えてしまいます。もしかしたら娘もそんな無価値観を持った私から影響を受けたのかもしれません。そうだとしたら、私は次女や三女に同じ影響を与えないためにも、誰にも依存せず、自分自身を満たし、自分自身を宝物だと思えるようにならなければいけないのだと学びました。

おかげさまで強制的に娘がいなくなった世界を与えられ、私は依存をやめられ、自立することができたと思います。これも娘からのギフトです。娘は娘の肉体を自分の思うように使い切ったのだと思います。残していく者たちへのギフトになるように使ってくれたのです。

親が子を守らなくてはいけないのは、親に選ばれたから守る責任があるのであって、「自分のもの」だからではありません。確かに宝物ですが、自分の所有物として子どもからその肉体を所有する権利を奪ってしまうなら、それは子どもを守るどころか侵害しています。

「自分の大切な宝物」という感覚は、子どもを守る上でパワーになるので、本能の影響もあると思います。でも暴走しておかしな方向へいかないように自分の心のバランスは保つようにしないと、私のように教わることになるのかもしれません。娘に感謝です。

10

ちゃんとしなきゃ病

娘の死から二カ月が過ぎた頃、次女と三女は夏休みを迎えていました。私はその二カ月の間、少しずつ無理や我慢をやめ、引きこもりながら自死遺族ブログも始め、泣いて過ごすだけではなく、静かに自分を見つめ、自分らしく生きる新たな人生を歩み始めていたように思います。そして少しだけ余裕が出てきた頃、三女のおかげで、また一つ自分を取り戻し、楽になったことがありました。その時の話です。

三女はその春に幼稚園を卒園していて、同じクラスだったママの間では小学校が別々になる子どもたちのために、夏休みに同窓会をやろうという話が以前から持ち上がっていました。私はクラス役員でしたし、娘も担任の先生やお友達に会えることを楽しみにしている企画でしたから、久しぶりに社会活動をしてみることにしました。

幼稚園のママ友で私が自死遺族になったことを知っている人は、公表しないことを理解してくれる人が数人いるだけでしたので、気持ちを切り替えて、げっそりと痩せてはいたものの、何事もなかったように振る舞いました。

企画を立ち上げ、イベントの準備も当日の仕切りも、以前の私に戻ってサクサクと執り行いました。以前のようにママ友たちの会話を盛り上げようとするパワーこそなかったですが、同窓会は盛り上がり、先生や子どもたちの楽しそうな姿が見られて私も大満足でした。

ところが、同窓会が終わり、子どもたちの集合写真をクラスＬＩＮＥにアップして、片付けも終えて帰ろうとした時、参加できなかったママさんからのメッセージを見て、どっと疲れが出てしまいました。そこには「楽しそう！行きたかったな〜、次は絶対参加するので、また誘ってね♡」とありました。

何もおかしなところがないメッセージです。参加できなかった人が、次回は参加したいなと思うほど楽しそうに感じたのですから、主催者としてはニヤリ顔のはずなのですが、その時の私は違いました。この時の私は、「え？また企画してほしいってこと？　大変なのに……」と受け取ったのです。

クラスの同窓会とはいえ、場所を予約したり、先生の都合を聞いたり、子どもたちの安全に配慮したり、多くの子が参加できるよう日程を調整したりと、なかなかの仕事量なのです。引きこもり中で他に仕事をしてないとはいえ、また悲しみを少しは忘れられるとはいえ、そもそも承認欲求さえなくなっている私には、三女が喜ぶことや、自分の楽しみ以外に興味はありませんので、「なぜこの人のために、もう一度やらなくちゃいけないの？」と本気で思ったのです。

冷静になれば、単なる社交辞令だとわかります。自分も同じようなことをしてきたと思います。裏側で仕事が発生していることも、体験しなければわからないことですし、私が苦労なく簡単にこなしている人だと思ったかもしれません。それでも私の本心は、不快感を感じていました。面倒を押し付けられたと感じ、不満に思ったのです。

私はまず、その不快感を持っている自分を認めてあげました。以前の私なら間髪を入れずに「また誘うね～」などと返信していたと思います。でもそれは偽りの自分でした。もちろん以前は偽りの自分になど気づくことはありませんでした。本心では不快感を持っている自分を「意地悪な人」などと責めて、あってはいけないことと自分を否定し、封印していたからこその反応だったと思います。

そして、そもそもの話、「え？　また企画してほしいってこと？」と少々面倒なことに感じたということは、私にとって子どもたちのためとはいえ、企画や準備をすることは楽しいことではなかったということです。面倒を率先して自分に抱え込ませていたのは自分なのです。役員を引き受けたのも自分ですし、役員だから同窓会を仕切らなくてはいけないと思い込んでいたのも自分です。自分で自分の首を締め続けていた自分を見つけてしまいました。

私は「ちゃんとしなきゃ病」に冒されていたのでした。母親なのだから、娘がお世話になっている園の役員ぐらいやらなくちゃ！　役員なのだから、みんなのために働かなくちゃ！　いただいたメッセージには優しく応えなきゃ！　などなど……どこで仕入れたかもわからない「ちゃんと」に洗脳されてしまっていました。でもその苦しい生き方は、この数カ月の間にやめると決めたはずなのです。

だいぶ自分の素直な気持ちがわかるようになった私は、自分に無理や我慢をするのはやめたことを思い出し、この不快感も無駄にしないよう、「もうやりたくないな」という自分の気持ちをはっきりさせました。でも「もうやりたくない」とママ友に返信してよいのでしょうか。

自分の正直な気持ちで生きなくちゃだめだ！　という声が聞こえました。ここでも私の「ちゃんとしなきゃ病」が発動したのです。自分に我慢をさせないと決めてしまったものですから、今回の自分の「ちゃんと」は、「我慢しないこと」にも適用されてしまっていたのです。それにもらったメッセージには「ちゃんと」返事をしなくてはいけないとも思い込んでいました。

でも、自分の本心を伝えることも、返事をすることも、なにか気持ちよくないのです。もちろん我慢をしないことや、無理をしないことも大事ですが、我慢や無理をしないことにこだわり、「ちゃんと」しようとすること自体が、自分を苦しめていたのです。

そこで、私は自分がどうしたいのかを、あらためて整理してみました。

・卒園したのだから、もう役員から降りたい。
・企画の主催はもうやりたくない。
・本音を相手に伝えたくない。
・嘘を言うのも嫌だ。

そして辿り着いた答えは、「既読スルーする」でした。良い人を頑張っていた私にとってこの解決策はかなり怖いチャレンジでしたが、良い機会をあたえられたのだと思いました。そしてめでたく華麗なスルーを初体験したのです！　相手の人には申し訳ない気持ちはまだあったけれど、自分に感謝したくなる気持ちの良い体験でした。

実はその一年後の夏休みにも、同窓会は行われました。でも今度は、まず自分に、どうしたいかを確認しました。そして私は場所取りだけを担当し、他のことは人に任せ、また当日に子どもだけを参加させたいから預かってほしいなどというちょっと面倒なご依頼も、負担だからとお断りしました。へんに「ちゃんと」するよりも、自分がどうしたいかを優先したのです。

すると思ってもみなかったことに、手伝ってくれたママや、預かってあげなかったママから、「学ばせてくれてありがとう！」と分担の仕方や断り方に対して感謝されたのです。自分に無理をさせない行動が、周りの人にも無理をしなくていいという手本となったようでした。自分を大切にすると、人からも大切にされるとは言いますが、その通りでした。

ところで、あの時既読スルーしたママ友とはどうなったかというと、その後まったく接点がなくお会いすることもありません。あんなに悩まなくてもよかったとも思えますが、ただチャレンジさせてくださったことには感謝しかありません。あの時、私に必要な経験でした。すべての出会いも経験も愛なのだと思います。

11

「死ねるって贅沢、最上級の甘えだよね～」

私の娘が自ら命を断ち三カ月程たった頃、台所でキャベツを千切りしていた時、また突然、娘の声が聞こえました（千切りはゾーンに入りやすいです）。まだ生きていた頃、いつも台所でおしゃべりをしていた時のように、とてもくつろいだ声でした。

「死ねるって贅沢〜、最上級の甘えだよね〜」

突然の言葉とその内容にびっくりしました。ただ、驚いたけれども納得している自分もいました。確かに娘は甘えてくれたなと思ったのです。普通なら許されないであろう自死を、母親が私なら、きっと許してくれると信頼できているからこそ、死ねたのだと思いますし、そんなことが許されている人生なんて、とても希少で贅沢なことです。私なら家族のことが気になって死ねません。

考えてみれば、そんな贅沢なことだからこそ、人は自殺を許さないのかもしれません。ある意味嫉妬です。「自分だって苦しいけれど一生懸命生きているのに、死んで楽になるなど許されない！　あなたの娘は間違っている！」そんなコメントもアメーバブログでもらったことがあります。そもそも死にたいと思って死ねる人など、そうそういないのではないでしょうか。普通は死にたいと思っても、恐怖やしがらみや未練があって死ねません。

娘の自死から学んだこと
〜学習編〜

私も若い頃に一度死にたいと思ったことがあります。一人暮らしのマンションの窓から身を乗り出した時、親が可哀想だから死んではダメだと思ったことを覚えています。それに、自殺は自分を殺すことであり、ご先祖様や神様に申し訳がないことだから絶対にしてはいけないことだと教えられていましたし、死ぬことをもったいないと思う気持ちが少なからずあったと思います。

一方の娘ときたら、胎内記憶や前世記憶があったために、輪廻転生を確信していましたし、「自分の人生は自分の好きなように生きなさい」と言われて

育っていた上に、自分への信頼と行動力が半端ない人だったので、「死」も娘にとっては、一つの通過プロセスとして「やってみたいからやってみる」という類のものだったのかもしれません。

私のように、親が可哀想だの、神様に申し訳ないだの、もっとやりたいことがあるかもしれないなどと、自分以外のことに気を取られることなく、「死にたいと思ったから死ぬ」という自分の思いに忠実に行動してしまえるのは、悪く言えば理性に欠けていますが、よく言えば本能に忠実で、実は魂の望み通りに生きているのかもしれないと思えてきます。そしてそれはとてつもなく高い自己肯定感に支えられているのではないかとも思うのです。

よく、自殺は自己肯定感の低さから至ると言われていますが、私は逆なのではないかなと思うのです。死にたいと思った自分の気持ちに素直に従って、「自分は死んでいいのだ」「自分の死は許されるはずだ」と思えていたとしたら、とてつもなく愛されている自信がある自己肯定感の高い人物だと思うのです。それが、聞こえてきた言葉に表れていると思いました。

もちろん社会的には自殺は禁忌の類でしょうし、私も自殺をしたいと相談されることが多いのですが、人に伝えてくる時点で死にたくない人なので、それをそのまま「あなたは死にたがっていませんよ」とお伝えします。なぜなら自殺で死んでしまう人は、人にバレないように死ぬからです。ですから、娘のことがあってから、自殺の原因が自己肯定感が低いからとは思わなくなりました。実際自己肯定感が低かった私は死ねませんでしたし、自己肯定感が低い人は自分のことを自分で決断できないと思うのです。

ただし、社会的に「自殺をする人は自己肯定感が低い」という概念があること自体は悪くないと思っています。なぜなら、自己肯定感が低い人は、自分のことを自己肯定感が低いと言われたくない人が多いでしょうから、その人たちが無駄に自殺を選択しなくなりますからね。ただし、自死遺族の人だけは、大切な人のことを、自己肯定感が低くて死んだのではないと思っていてほしいなと思ったので、ここに書いておこうと思いました。そのために娘の声が聞こえたのだと思うので。

12 自死と引き寄せの法則

いつのまにか、多くの人が知る言葉になった「引き寄せの法則」ですが、私も三女を妊娠中の2012年前後から、有名な『ザ・シークレット』（ロンダ・バーン著　角川書店）やナポレオン・ヒルの『思考は現実化する』（きこ書房）などをむさぼるように読み、引き寄せの法則にハマった一人です。

そして芋づる式にヒックス夫妻の『引き寄せの法則』（SBクリエイティブ）シリーズや、バシャールや『神との対話』（ニール・D・ウォルシュ著　サンマーク出版）シリーズなどの本で、見えない世界に興味を持ち、スピリチュアル、量子力学や心理学、前世療法、胎内記憶などを勉強し、長女が亡くなる二年前からは、胎教の講師として見えない世界を科学的なアプローチでお伝えする活動をするようになっていました。

ですから引き寄せの法則のことは、信じているのはもちろん、理論に納得し、実際にいくつもの引き寄せ体験をしていましたから、願いを放ったものは、いつか叶うのだという確信がありました。そして自分と同じ波長のものが引き寄せられてくるのだということも理解していたので、当時はすでにネガティブな体験も、自分を振り返るチャンスにしていました。

ですが、さすがに娘が亡くなった時は、今まで信じていた引き寄せの法則を否定したくなりました。間違っても娘が死ぬことなど望んでいません。初めはどうしてこんな現実を体験しているのか、理解できませんでした。私は楽しいことをして生きているはずでしたし、人様のお役に立つことをして気持ちよく生きていると思っていたからです。自分が撒いた種は幸せの種だけのはずであり、刈り取るものは幸せだけだと思っていたのです。

それがまさかの絶望の底に突き落とされてしまったのです。恐ろしいほど静かなその場所で少しずつ自分を振り返ると、その悪夢を引き寄せるに十分な自分が、すこしずつ見えてきたのです。自分が寂しかったこと、我慢していたこと、無理をしていたこと、自分らしく生きていなかったこと、愛を求めていた自分を無視していたこと……、それらの自分の撒いた種を認識したのです。

本当は一番責任を持って大切にしなくてはいけない自分を蔑ろにしていたからこそ、私は傷つき悲しみ、それが結局、私自身が一番悲しむ出来事を引き寄せてしまったのだと、その時点で気づき、愕然としました。まだそれが、気づきの入り口だとは気づいていませんでしたが……。

そしてこの最初の気づきの段階で、私はもう同じようなことを引き寄せない自分になろうと決心しました。ほかにも二人娘がいるのです。同じ目に遭うわけにはいきません。私は自分に悲しいことを強いるのをやめ、自分を無視することをやめました。そうすれば、私を幸せにする現実がもたらされるはずだと思ったのです。

この時点から、この娘の自死の意味が急速に変わっていきました。人生の終わりを告げる絶望的な出来事から、私を幸せに生きるように決心させるきっかけの出来事に変わっていったのです。

私自身が変わったことで、引き寄せているものの意味が変わりました。悲しいことには変わりありませんが、私の経験している絶望の意味が、人を苦しめる忌むべきものから、愛を与える尊いものへと変わっていったのです。今の自分が変わることで、過去の意味が変わるという体験でした。

そして私は絶望の底で、過去に望んだもう一つのことを思い出しました。私はずっと、本当の自分とは何者なのか、愛や平和や幸せとは何をさしていうのか、この世の真実を知りたいと望んでいたのです。

私は今日までに、絶望の底で少しずつ自分を大切にしながら生きていく中で、このもう一つの望みを叶えてきたのです。私が何者で、何を愛というのか、何を幸せというのか。そしてどうやったら自分を生きられるのかという問いに対する答えを知ったのです。私がただありのままの自分を生きることが愛であり、幸せなのだと、娘の死に向き合う中で娘に教えてもらいました。私はしっかりと望んだものを引き寄せていただけなのでした。その間にあった絶望はプロセスの一部だったのです。

そうなると、一つの疑問が浮かびます。私の望みを叶えるために娘は犠牲になって死んだのかということです。私自身、自分がもっと成熟していたら、娘は死なずに済んだかもしれないと自分を責めそうになったことがあります。でも今の私は、娘は犠牲になったのではなく、協力してくれたのだと思っています。もしくは犠牲になっても救ってあげたいと思うくらい愛が溢れている偉大な魂だったのだと思うのです。

私の犠牲になった可哀想な子と思われるのと、私を救った救世主だと思うのとでは、どちらを娘が喜ぶかと考えた結果です。娘のために今私にできることは、娘を愛することだけです。娘の喜ぶ姿が想像できるのは、後者ですから、私が自分を責めている場合ではないのです。

実は自分を責めることはとても簡単で、誰にでもできることです。そして自分を責めている時、なにか罪滅ぼしでもした気分になってしまいます。ですが、それは誰のためにもなっていません。もし誰かを救っているとしたら、自分を世間から守っているだけです。自分を責める姿をアピールして同情を買おうとするほどのしたたかさはないとしても、あれほど自責が簡単にできてしまうことからも、無意識に自分を救おうと本能が働いているのかなと思います。逆に、自責をせずに死に対して感謝を捧げるのは、世間の目を意識するとても勇気がいることですが、故人のためを思うなら、それが一番の愛情表現になると思いませんか？

ですから、今の私は、娘の自死という出来事を自分の人生に引き寄せましたが、その自分を責めるどころか、愛されていると思っています。私がもしも自分を責めたら、娘を可哀想な被害者や、もしくは逆に、親を絶望に突き落とした加害者となってしまうのです。私は娘を被害者にも加害者にもしたくありません。ただ自分らしく生きただけだと肯定したいのです。そして気づけば、私は半ば強制的に自責や自己否定ができない状況に導かれていたのです。娘を守り、愛し続けるためには、それしか方法がないからです。娘の愛としか思えません。これが愛でなくて何でしょうか。結局私は愛を引き寄せたということになるのです。

そしてこのことを理解した時、私は自分が愛そのものなのだということを知ったのです。同じ波長のものでなければ、引き合わないのですから、私が愛を受け取ったのなら、私も愛だということになります。そしてなにより、こんなに愛おしい娘たちが私の元に生まれたということも、私が愛そのものなのだという証拠です。こんなことを言う人間を、以前なら身の程知らずの変人だと思ったでしょう。でも愛である自分を否定し、恥ずかしがることは、自分に出会うすべての人に対して失礼なことです。なぜなら引き合う人たちは皆、同じ波長なのですから。私が私を愛だと断言する時、出会う人すべてを愛の存在だと断定することになるのです。

これを読んでいる方も、私に引き寄せられているということは、愛の存在だということです。だから私はいつも愛の存在に囲まれて幸せです。こんな真実を教えてくれた娘の死、そしてあなたの大切な人の死は、とてつもなく大きな愛によってもたらされた出来事なのだと思います。

死は残された者には悲しいことです。でも、悲しくて悪いことを引き寄せたのではなく、気づきと愛を引き寄せたのだと私は思っています。

13 望まない現実がある理由

生まれてから死ぬまで気持ちいいことばかりで過ごしてみたい。それが人間の素直な願いだと思います。だからこそ、心地良くなるためにどうしたらいいだろうと自分なりに考えたり、動いたり、協力を求めたりして、人生を生きているのだと思います。なぜ「生まれてから死ぬまで気持ちいいことばかりで過ごしてみたい」という発想になるかといったら、人生は不快なこともあることを、生まれて間もない頃から体験して知っているからでしょう。

思い通りにならないこと、思いもよらないアクシデント、納得いかない人間関係、願った覚えのない境遇……。生まれたばかりのあかちゃんも、この世には不愉快なことがあると知ります。排泄したらおしりが気持ち悪く、いつのまにかお腹が空き、それなのに意思疎通が難しい大人たち。だから大きな声をあげて泣き、自分の求める快適さを追求しているのですよね。生まれながらにその機能がすべての人に備わっています。

でも少しずつ社会性が身についてくると、その本能的な欲求を抑える術を身につけます。それも自分を心地良くするものでもあるからです。たとえば、自分が泣いていると、親が怖い顔をしているけれど、笑っていれば怖い顔を見なくて済むとか、親の気に入ることをすれば褒められたり、先生の言うことを聞けば優等生扱いをしてもらえたりする。社会的欲求が満たされるのです。

そうやって大人と言われる年齢になったのが私でした。精神はまったく子どものままでしたが、赤ちゃんの時の自己主張するパワフルさは失っていました。いつも誰かに認められたくて頑張ってしまい、人の顔色を伺い、本能的な自分を戒めながら、洗脳されただけの正義や正しさを生きていました。

ところが、努力と根性で心地良さらしきものを手に入れられるようになり、そろそろ社会的にも誰もが認めてくれる自分になったなと思ったら、娘が突然自殺してしまいました。築き上げてきたすべてが崩れ落ち、私は絶望の底に一瞬のうちに叩きつけられました。自分ではどうにもできない望まない現実でした。

それまでは、どんな望まない現実も、頑張って変えようと努力し、無理矢理いい解釈をして、なんとかやり過ごしてきたのですが、娘の死は別です。ごまかしようのない、正当化しようのない、変えようのない望まない現実でした。残された側の苦しみがわかるが故に死ぬこともできません。それに残された二人の娘のことも大切です。とにかくどうにかして生き続けることにしました。

そしてとにかく生き続けるために、自分が少しでも辛いことは放棄し、感情のままに発散し、わがままで自由過ぎる自分を許しながら、まるで赤ん坊のような精神で、生き始めたのです（詳しくはChapter 2　行動編で）。それは、現実の状況に関係なく、もともと備わっていた自分らしさオンリーの、自分の好みで、自分の生きたいように生きる自分でした。

すると、さまざまな気づきや学びと、幸せで感謝したくなる世界が、その絶望の底に見えてきたのです。引きこもっていても許されていて、泣きじゃくっても寄り添ってくれて、怒りが爆発してもわかり合えて、頑張って働かなくても協力してもらえ、教えられてきた正義や正解を生きていなくても、愛されてしまう世界でした。

そもそも私は何も持っていなくても幸せだったのです。現実に合わせようとしなくても、そのままで幸せだった自分を発見しました。望まない現実のおかげで、絶望の底に住まうようになり、現実を捨てることができ、自分の身につけていた「現実に対応するためのすべて」も削ぎ落とし、赤ちゃんのようなありのままの自分になることができたのです。

望まないことは、望んでいることを浮き彫りにしてくれます。そしてその望みに従って生きていくことで、過去にどんなに頑張っても見つけられなかった、自分とは何者で何をすべきなのかという問いに対する答えや、心地良く幸せな場所や、私の求めていた真実を見つけられました。

しかも、過去を捨てたにもかかわらず、私の肉体が覚えているスキルは使い放題です。今の自分ではできないであろう、無理や頑張りを、過去の自分がしてくれていたからこそ、今私は幸せに生きながらも、身につけたスキルを駆使して、自分の使命が果たせていると思うと、望まない現実を引き寄せたように見えた過去の自分にも労いと感謝を述べたくなるのです。

望まない現実によって手放したものは確かにあるはずですが、私は何も失っていないように感じるくらい喪失感がありません。もちろん娘の肉体はありませんが、いつもそばにいます。肉体を持っていた時よりも親密だと感じるくらいです。そして肉体がここに見えなくても、魂が繋がって、いつでも愛し合えるのであればこれでいいと思える、現実にこだわらない自分も手に入れていることも考えると、望まない現実というのは、自分の器を無理矢理大きくしてくれる、ちょっと強引な愛なのだと思えるのです。

14

死を知ることは、愛を知ること

娘が死んでしまうまで、私は死について真剣に考えたことがありませんでした。子どもの頃に母親が自分を置き去りにしていなくなる夢を見て、悲しくて泣きながら起きた記憶がありますが、子どもにとって親の死は生命にかかわることですから、本能的に恐怖を感じ、死を考えないようにしたのかもしれません。

そんな私の身に起こった、ある日突然娘が自ら命を絶つという体験は、いつか人は必ず死ぬという事実を強烈に突きつけました。怖いものを見たくないがために、あたかも死が存在しないかのように、まるでいつまでも生き続けるかのような設定で人生の半分を過ごしてきたことを深く後悔しました。

確かに怖いものを見て見ぬふりをすることは、自分をその瞬間だけは救うかもしれません。でも人が死ぬという絶対的な摂理からは誰も逃れられません。しかも、その瞬間はいつ訪れるかわからず、平均寿命まで生きる保証などどこにもありません。私の場合、その事実を知ったのが、大切な娘が死んだ時でした。ごまかしようのないショッキングな出来事は、娘が死から目をそらさないように教えてくれているかのようでした。

考えてみれば、死という命の期限を忘れて生きることは、怖さから逃げられるかもしれませんが、それは幸せなようでいて、自分の人生から目を背けているのと同じです。いつまでも命が続くと勘違いして生きていたら、自分のことは後回しにして、伝えたい愛の言葉もいつか言おうと思って先延ばしにしてしまいます。ひらめいたアイデアも、今やらなくてもあとで余分な時間ができてからにしようなどと流暢に構えていたら、結局忘れるのがオチです。

一方、目の前にいる人がもしかしたら明日死んでしまうかもしれないと思えるならば、今できる限りの精一杯の愛を注げますし、自分が明日死んでしまうとしたら、世間に溢れる情報など気にせず、家族や友人にありったけの感謝をして、やりたかったことを今日やれるだけやるはずです。

「人はいつ死ぬかわからない」と知った私は、自分にも家族にも、また出会うすべての人に対して、常に後悔することがないように接するようになりました。今を逃したらもうあとがないかもしれないと思えることは、一瞬一瞬を大事に生きる自分にしてくれました。死を知ることは、自分の精一杯の愛を表現するきっかけになったのです。

それからもう一つ、娘の死によって私に変化がありました。それは、死ぬことがちょっと楽しみになったことです。もちろんこの世にも娘が二人いますから、この世も大切な場所ですが、もしも死んだとしても、長女が待っていてくれるなら、あの世に行くのも楽しみなのです。生きても幸せ、死んでも幸せだと思えるようになって、気づけば、死は怖いものではなくなっていました。

同時に死が怖くなくなると、何も怖いものがなくなることを発見しました。これは意外な副産物でした。すべての恐怖は、死の恐怖に繋がっているのだと思います。たとえば孤独や病気、金銭的な不安や、はたまた絶叫アトラクションなど。それらはなぜ怖いかといえば、死を連想させ、その死を怖がっているからです。

死を恐れなくなると、なんでもできてしまいます。孤独になってもいいや

娘の自死から学んだこと
～学習編～

と思えれば、なんでも発言できますし、病気になってもいいやと思えれば、寝る時間も食べ物も好きなようにできますし、貧しくなってもいいやと思うと見栄のためより、自分が満たされるお金の使い方ができますし、怖い場所に行くことだってできます。なにより失敗が怖くないので、やりたいことに素直に挑戦できるのです。

そうなるともう、思いついたままに生きて、あとは神様にお任せです。自分を生きているのですが、思いつくままの自分を脳で制御しないので、誰かに動かされているかのような、謎の安心感があるのです。死も恐れない自暴自棄ともとれる自分になれたことは、川の流れに任せて流れる木の葉のように、楽に人生を進める方法があることを教えてくれました。

人は必ず死ぬということを認識させてくれた娘の死は、私の人生を充実させ、恐れることなく自分の生きる道を進んでいける力を授けてくれたのです。しかも私は強がりのビビリなので、人がいつ死ぬかわからないと知ったところで、それだけでは死の恐怖のために、不安で行動ができなかったと思いますが、娘があの世にいるなら、死ぬことも楽しみにして、安心して好きなことができるのです。娘が私の目を覚まし、行動力を授けてくれたのだと思います。

15
「良い行いをしたら天国にいける」の罠

何を隠そう私は、娘が亡くなる前までは、良い子・良い妻・良い嫁・良い母・良い友を心がけていた人でした。正しいと教えられたことをこなして、少し無理をしながらでも正義と慈悲を貫いて生きている自分はまんざらでもないと思っていました。人が嫌がる地域活動や子ども関係の役員も引き受け、慈善活動も積極的に参加して、良い親になろうと本を読み、マナーを習い、友達の相談に乗り、寄付をして、確かに「悪い人」ではなかったと思います。

しかし娘が亡くなった時に私の本性が現れました。「たくさん良いことしてきたのに、こんな仕打ちを受けるなんて、話が違う！」そう思ったのです。苦労しながら頑張ってきたのに、神様に裏切られた気分でした。そこそこの承認欲求が満たされるくらいの恩恵は受けていましたが、人に見えない場所でも頑張っていたのは、どこかで「良いことをしていれば神様に気に入られる」という計算高い自分がいたからだったのです。

それなのに、わたしにとって最も悲しい出来事が突如降りかかってきたものですから、神様なんて信じた自分を呪い、良い人など目指さずに、愛する娘たちのためだけに生きてやろうと引きこもりを決め込んだわけです。迷惑をかけてもいい、世間体が悪くてもいい、知らない誰かのためよりも娘たちのために自分が死なないことを優先すると決心したのでした。

でもそれこそが、神の愛というに相応しい体験の始まりでした。神様のために好かれるために生きるのをやめ、自分と自分が愛するモノのため「だけ」に人生を捧げようと思った瞬間から、人生が好転していきました。パジャマでボサボサ頭の無表情で引きこもって、いわゆる「良いこと」もまったくしていないのに、いつのまにやら私はどんどん救われ、まるで天国にいるかのようにすべてを愛だと思えるような生活ができるようになったのです。

「良い行いをしたら天国に行ける」という、どこかで学んだ知恵は、良いことをしていたら地獄を見た私にとってはまったくの嘘となりました。そして、この言葉には二つの危険が潜んでいると、今の私は思っています。一見気持ちのいい言葉ですが、私はその罠にまんまとかかってしまっていました。

一つ目は、「良い行いをしたら」という条件があるということは、良い行いをしていない状態では、自分は天国にいけない存在なのだと思い込んでしまうということです。言葉にはなっていなくても、暗示にかかってしまいます。ありのままの自分には天国に行く価値がないとでも言わんばかりです。親も学校も宗教も、指導する側には都合がいい言葉ですが、無償の愛とは程遠いとは思いませんか。

私のように暗示にかかってしまうと、簡単に自己否定してしまいます。でも考えてみたら、もっと〇〇しなくちゃ！　と自分を責め、バチが当たると思って、自分らしく生きることが怖くなってしまい、どんどん自分を忘れてしまうことを神様が望むでしょうか。そんな神様なら、信仰する意味があるのか疑問です。そもそも私たちを生み出したのが神なのであれば、もうすでに私たちは完璧なはずなのです。もしも欠陥品なら、そのアフターフォローは神様がやってくれてもいいですよね。

二つ目は、良いことへの執着は、対局にある悪いものを生み出すということです。良いことは、その反対に悪いものがなければ成り立ちません。良いことを目指す限り、その裏側には悪いことが必ずあるのです。たとえば挨拶をすることがいいことだとしたら、挨拶をしないことは悪いことになります。自然に自分が気持ちよくなるために挨拶をしているならいいのですが、挨拶をすることが良いことだからと思っている人は、挨拶しない人を「悪い人」と設定してしまうのです。悪い人を生み出しているのは「良いことをしようとしている人」なのですよね。

また、自分が良い人間であることを証明するためには、良い行いを施す相手が必要になってきます。でもその時、相手を可哀想な人、不運な人だと思って見下しレッテルを貼ってしまっていないでしょうか。それは愛の行為なのでしょうか。

私は自死遺族になってブログを書き始めてから、有料で同じ立場の人の相談に乗っていますが、それを「相手は可哀想な人なのだからお金を取るのはおやめなさい」と言われたことがあります。とても失礼な人だと思いました。この人は、私たち自死遺族のことを可哀想な人で施しが必要な、不足している人だと言っているのと同じだからです。

そう考えるのはその人の自由ですが、そのような考え方の人に、誰かを救うことなどできないと思いました。可哀想な人と言われて、救われる人がいるでしょうか。可哀想な自分を受け入れ、誰かに依存しないと生きていけず、ますます不幸な人生を創ってしまいます。自分らしく生きずに幸せな人などいるでしょうか。

私が有料でご相談に乗っているのは、私が経験から得た知恵と私の時間を差し出す代わりに、ご相談者さんが私にお金を与える物々交換で対等な関係になるからです。そしてご相談者さんが、自分の幸せのために、自分にお金を払ってあげる経験をするためなのです。お互い悲しい経験をしたけれども、互いに与え合うものがある時、人は救われ生きる希望を見つけるのです。無料で借りを作って依存させようとするなら、それは力を奪う行為です。

私が好きな話なのですが、お釈迦様が托鉢をする修行僧に教えたのは「貧しい家庭からもらいなさい」ということでした。それは、その貧しい家庭に与えられる豊かさがあることを認識させ、その認識により自ら豊かさを引き寄せる力を持たせるためなのです。豊かな場所に豊かさは集まるからです。幸せを与えられる経験をすることが、なによりも人を幸せにするからです。同時に修行僧の見下しの心を戒めるお釈迦様の教えはさすがだと思います。

良い行いをしようとすることは自由ですが、私は、良いこと悪いことと裁くことなく、大好きな人たちを精一杯愛し、大切な人に協力を求められたら力を貸し、自分が心地良い生き方をするのが一番だと思います。無償の愛とは、すべてを許してくれるものです。要するに生きたいように生きていいということです。

存分に楽しく生きたのなら、それは神に感謝しているのと同じこと。それが一番、この世に私たちを産んだ神様が喜ぶことなのではないかと思います。子どもの楽しむ姿を見ることが親の一番の幸せであるように。

コラム1

肉体のない世界を確信した時の話

肉体のない世界はある！
そう確信したのは、長女がまだ一歳だった頃でした。

ベッドでくつろぎながら、おしゃべりを楽しんでいた時、「生まれてくる前はどこにいたの？」と、以前から聞きたくてうずうずしていたことをついに聞きました。

すると娘は、「お空で白くて大きい雲さんと遊んでた」というのです。
お腹の中が暗かったなどと話すのだと思っていた私は、なんともファンタジーな世界観に拍子抜けしました。

「大きな雲さんは、いつも優しくて、キラキラして、小さい雲（娘）たちといつも遊んでくれるんだよ」

「小さい雲たちは、時々大きい雲さんのお手伝いもするんだよ。迷子さんを大きい雲さんのところに連れてくの」

生まれる前から本の読み聞かせをしていたので、言葉が達者だったとはいえ、この物語を一歳児が考えつくのもすごいことなのですが、話はこれで終わりませんでした。

「お空からはね、小さいママも見えたよ。子どものママは可愛かったよ。いつも丸い窓から見てたよ。ママのところに行くって決めてたから。それで虹の滑り台でシューって降りてきたの」

「前に〇〇ちゃん（娘のこと）になる前にね、ママのところに来たことあるよ。でもママはこっちを見なかったからすぐ帰ったの」

全身鳥肌が立ちました。実は私は流産をしたことがあったのです。

夫にも伝えていなかったことなので、娘が知るはずのないことでした。

そして、きわめつけは、その日久々にタンスの底から出した私のTシャツを見て、

「これ、キッタナイお店で買ったんだよね〜」って笑うのです。

それは、まだ妊娠に気づいてない頃の私が、夫と上野のキッタナイ（笑）店で買ったものだったのです。もしもお腹にいたとしても、顕微鏡サイズ。眼球なんてまだできてない頃です。

もう、これでもかと衝撃的な告白の数々を聞いて、信じないわけにはいきませんでした。

そして最後に娘は「しまった！」とでもいうように少し慌てて口に指を当てて「でもこれ内緒だよ」と小声でささやいたのでした。

この日から、内緒と言いつつ、お空の上のことや、生まれてくる方法や、妊娠中にお腹の外にいることなど、たくさんのことを教えてもらい、本質は赤ちゃんではないのだと思い知らされていきました。また時々、自分はイルカだったとか、魚屋の父っつぁんだったとか、前世の話もしてくれました。

今思えば、先に逝くことをわかっていて私に備えを授けようと、話し始めるのも早く（より詳細を伝えるため）、いろいろ教えてくれていたのかもしれません。

Chapter

2

絶望の底ではじめた新しい自分

〜行動編〜

16 超多忙人間、引きこもりになる

娘が死んでしまう前の私は、スーパーのレジパート、産後母子ケアボランティア、胎教の講師、幼稚園父母会会長などをしながら、自分磨きも怠らず、三人の育児と家事を一人でこなす超多忙人間でした。「どうやったら、そんなに動けるの？」とママ友からは目を丸くされていました。

その言葉は私の承認欲求を満たしてくれました。「私はすごく頑張ってる！」そう思うと、なぜか安心しました。それは、不満を抱えて生きていた私の本心を、見てみぬふりをするための、代替品だったのだと思います。「頑張っているなら仕方がない。本音を出す暇がないことを許してあげよう」そんなふうに自分に許可をもらうような感覚です。

そんな中で突然おきた娘の自死。娘を亡くしたダメージは大きく、社会的な繋がりにまったく価値を見出せなくなり、すべての役割から退きました。毎

絶望の底ではじめた新しい自分
～行動編～

日泣いて座っているだけなのに、体のあちこちが針で刺されるように痛くて、心身ともにぼろぼろでした。それでも、下の娘二人がまだ小学生でしたし、残される人の痛みを知ってしまった私は、残されたわずかな精神力を振り絞ってどうにか生きようとしました。
絶望の底で引きこもりでもいいから、とりあえず息を続け、下の娘たちのためにも、息ができなくなるようなことは拒否しよう。いつの間にか痩せ細りヨレヨレになった体から残る力を振り絞って「ひきこもり」に自分を託しました。

その決断は間違っていなかったと今断言できます。本当に引きこもってよかった。絶望の底に引きこもっていなかったら、今のこうして本を書いている私はいなかったでしょう。
人により自分の癒やし方はそれぞれだと思いますが、大切な人の死のダメージで息をしているのがギリギリの状態で、人と顔を合わせることすら苦痛に感じる時、引きこもりは辛うじて安らかに息を続けることができる、私にとって最善の策だったと思います。

ただ、そんなギリギリの状態でもつきまとってくるのが、引きこもりというネガティブなイメージのある状態になることへの罪悪感でした。なぜ人はこんなにも自分を苦しめることを自然にできてしまうのでしょうね。よくもまあそんな力が残っていたものだと呆れてしまいますが、実はこれには本能がかかわっていたのかもしれません。

その本能とは、恒常性（ホメオスタシス）のこと。ダイエットの停滞期などに働く、変わろうとする力を阻止する本能。人間の肉体は人体の安全を保つため、自分の普通の状態から変化することを阻止しようとするようになっています。私の無意識は、まさに今まで選択したことがなかった「ネガティブな状態になる」ことに危険を感じ、罪悪感という苦痛を与えて、阻止しようとしていたのではないかと思うのです。

私は幸いその本能の仕組みを以前から知っていたので、罪悪感を手放せるよう、引きこもりを肯定していきました。複雑に絡み合った既存の思い込みを手放すのは簡単ではありませんが、引きこもっている私にはたくさんの時間があり、ゆっくりと確実に苦しみを解いていきました（Chapter 1「苦しみを解放する手順」参照)。

①引きこもりに罪悪感がある。それはネガティブなことだから。
②ネガティブは良くないと思っている。
③なぜなら、引きこもりが問題視されているニュースを見て、引きこもりは社会にとって困った存在のように認識し、ネガティブなことだと思っていたから。また人を困らせてはいけないと思っていた。
④でも実際には、私は引きこもりの誰かに迷惑をかけられたことはない。実際は社会の困った存在とは思えない。何も知らないのに、ニュースの印象操作につられてしまった自分が愚かだった。自分の家族が引きこもりになった時に困ったと思うなら、それは自分の器の小ささの問題。私の家族の器を信じればいい。
⑤引きこもる自分を許す。家族に迷惑をかける自分を許す。

少々強引かもしれませんが、私はこんなふうに自分を納得させました。そうでもしなければ生きていけないのなら、とりあえず、こじつけでもなんでもいいのです。死んで悲しませるよりはマシです。
そもそも、自分の命があってこその社会です。命がなければ社会生活などすることはないのです。自分が死んでしまうほうが、家族にとってダメージが大きいのなら、引きこもりは生きるか死ぬかの瀬戸際の精神状態で生きている人には、自分だけでなく家族を助ける愛でもあると思いました。

世の中にはご家族の引きこもりに手を焼いている方もいらっしゃるかもしれません。でもそれは「引きこもり」という状態が問題なのではなく、その引きこもりになる原因が問題なのですよね。そうでなければ引きこもりになっていないのです。ですから、その原因が解決していない状態で、引きこもりでない状態にしても、なんの解決にもなりません。ご家族がそれをわかっていても、私がそうだったように、社会がそれを理解する力が足りていないのが現状なのだと思います。でも社会の前に家族、家族の前に自分を守ることが、のちに家族や社会を救うと私は自分の体験を通してお伝えしたいと思います。

めでたく私は、引きこもりに対する罪悪感を捨てることには成功しました。そしてこの引きこもり時間のおかげで丁寧に自分の内側を観察して、ゆっくり少しずつ自分を変えていく作業を進めていくことができ、今こうして一冊の本を書く人間になっています。引きこもりと、引きこもりにさせてくれた娘に、感謝しかありません。

17

良い人をやめる

引きこもりへの抵抗感を無事クリアした私でしたが、夫、子ども、両親と暮らす主婦が引きこもることは、家族にもかなりの変化が伴います。初七日くらいまでは私が何もしなくても家族は何も言いませんでしたが、私がそのまま引きこもり生活をすると、家族にとってどんな影響が出て、どんな反応をするかということが、今度は気になり始めました。

料理は好きなので、初七日を過ぎて数日した頃、夕飯だけは作ろうと台所に立ったと思います。それまで家族は一体何を食べていたのだろうと今さら思いますが、あの頃の記憶はなく思い出せません。そんな意識が正常でない状態だったにもかかわらず、明らかに家族への影響を心配している私がいました。

家族の心配というと聞こえがいいですが、それは正確には、家族への影響があった時に、私はどう評価されるかという自分の心配です。私は良い母・良い妻・良い嫁・良い子・良い友人・良い人であろうと頑張って生きていましたから、自分が設定していたその「良い」というラベルにふさわしい行動が取れなくなった自分が、家族にとってどんな存在となるのかの心配をしていたのです。

でも体は動きませんし、自分の外側で起こっていることを考えようにも、思考力が欠落していて疲れるだけ。私は良い人であることを諦め、ダメ人間でもいいから、とりあえず生きることに専念することにしました。

絶望の底ではじめた新しい自分
〜行動編〜

はじめは怖かった。特に親の反応が怖かった。小さい頃に怒られていた自分と同じ、のんびりで、一人でおうち遊びばかりの、おとなしかった私になってしまうのですから。思えば小さな頃も引きこもり体質だったのです。幼かった頃の私に戻ると両親はがっかりするのではないかと思いました。親が喜ぶ自慢の娘じゃなくなった自分を見て、彼らは何を思うのだろう。でも親の期待に応えているパワーはもうありません。申し訳ないけれど、親より自分の子どものために生きることだけに集中しました。

私は恐る恐る、自分にくっつけていた「良い人の仮面」を外しました。親の自慢の子、身綺麗にして家庭的な妻、育児書や心理学のマニュアルに沿って笑顔の会話とスキンシップを欠かさない母親、年に数回夫の実家に顔を出し、孫を義父母に懐かせるよう努力する嫁……考えつく限りの努力をして手に入れた自分でした。

でも結局それは本当の自分ではありません。息をするだけになったら剥がれ落ちてしまうものでした。自分がやりたくてやっていたわけではなく、

「やったほうがいい」という情報を参考にやってきたことです。なぜそんなことをしていたかと言えば、それすらできない自分を価値がないと思っていたからです。自分自身に必要かと言われれば、必要ないものであり、私はそんな必要ないものでいっぱいいっぱいになって、自分に必要なものを見失い、人の目を気にする、俗に言う他人軸というものに翻弄されていたのです。

もちろんその仮面や鎧で人を少しは幸せにできていたと思います。情報を参考にしているのですから、まったく効果がないわけがありません。私自身もいろいろなスキルを身につけ、今もそのスキルを利用しているので、無駄だったとは思いません。ただスキルはスキル。自分を豊かにしたかと言えば、豊かにするための道具を手に入れたとしか言えません。

勇気を振り絞って、仮面も鎧も外して無力な自分になった私は、絶望の底で、息をするだけの生き物として生き始めました。あんなに必要だと思っていた「良い」鎧を脱いだ体は身軽で楽でした。

絶望の底ではじめた新しい自分
〜行動編〜

するとどうでしょう！　驚いたことに、心配していたことは何も起こらず、誰も何も困らないではないですか。むしろ何やら皆イキイキとしています。私が無理して良い人になることで、実はみんなにも無理をさせていたのかもしれないという驚愕の事実に気づきました。

そもそも、私が選んで生まれたはずの親、私が選んだ夫、私を選んで生まれて来た子どもたちで構成されてる家族なのに、私が私でなくなっていたら、歯車が狂うのは当然のことなのかもしれません。テレビで見るような理想の家族を演じても、それで無理をして自分を見失っているのでは本末転倒だったのです。

良い人を演じる私を除いた世の中は、スムーズに回っていました。拍子抜けすると同時に、溜め込んでいた謎の重圧から解放され、頑張らなくていいことを現実から見せつけられた私は心底ほっとしました。

人は生きているだけでいいんだ！

娘が死んだ時、「ただ生きているだけでいいのに」と思いました。それは私にも言えることだったのです。

ふと我に返って見渡せば、娘たちは、勝手に朝食を自分で食べ、夫は洗濯物をたたみ掃除をして、母は洗い物や片付けをし（きっと私の記憶がなかった時期の子どもたちの食事も用意してくれていたと思います）、父も買い物や宅配の受け取り、子どもたちへの声かけなどをしていて、家庭内は円滑に家事が進められていました。さらに夫は休日の食事の用意もしてくれて、ベッドで泣き続ける私を辛抱強く慰め、持ち前の優しさを全力で発揮してくれていました。

私が良い娘、良い母、良い妻をやらなかったとしても、何の問題もなく、むしろやめたことで、それぞれが活躍して頼り甲斐のある人へと変貌していたのです。もともとそうだったのに、私が受け取っていなかったのでしょう。もっと言えば、私が良い人を演じるのを大きな器で黙って許して手出しをしないでいてくれたのかもしれません。またまた大いに反省しました。

それからというもの、私は自分のことだけを考えることにしました。家族を心配するということは、家族を信頼していないからと気づいたからです。そして家族のためにも、私は私のことだけに集中し、家族が私を求めた時だけ、家族に私を差し出せばいいのだということにしました。

良い人であることを否定はしません。それは人に対する愛でもあるからです。私は無理してはいましたが、良い人になりたかったのは、自分の承認欲求を満たすためでもありますが、相手を愛していたからに他なりません。でも自分を犠牲にして無理をして良い人になろうとすることは、誰にも求められていないということを知らなければいけませんでした。

引きこもり開始とともに、私の生活はとても楽になりました。それは今でもほぼ同じです。私が忙しい時は、私のやりたいことで忙しいだけです。誰かのために進んで何かをしてあげることはなくなりました。そして、たとえ頼まれても自分が嫌なことは断るようになりました。

こんな生き方ができるようになったのは、引きこもったからです。そして引きこもりになったのは、娘が自死するという絶望的な現実に遭遇したからです。今ではそのすべてが愛に思えます。

18
優しさを断る

引きこもりを決め込み、良い人であろうとする自分を手放した私は、とにかく死なないことだけを自分に約束し、あとはもうどうにでもなれ！　とばかりに半ば自暴自棄になりながら、無理や我慢を一切やめて、世間の常識や評価に囚われることなく、自分が過ごしやすい毎日を追求していました。

過去を振り返ると、常識や世間の流行に流されていた頃の私は、社会的には活躍しているように見えたかもしれませんが、他人軸に寄りかかっていただけでした。引きこもることでやっと、私は自立の一歩を踏み出し、本当の自分を生きることを始めたと言えるのかもしれません。私は次第に自分が何を感じ、どうしたいのかを決断できるようになっていきました。

たとえば、ある日のこと、亡き娘の中学校時代のお友達が、お母様を通してですが、子どもたちだけで弔問したいけれど、都合はどうかと訊ねてこられました。引きこもりなので、時間の都合はいくらでもつけられます。でもすぐには返事ができませんでした。

そのお友達は娘と一緒に生徒会をやっていた親しい友人でした。同じ時期に今の地に引っ越してきた転校生同士で、ご近所さんでもあるお友達。お母様も愛に溢れたとても素敵な方で、娘の死後もお世話になっています。そのお子さん一人がお母様といらしてくれるなら何も抵抗なかったのですが、お友達同士連れ立ってくるというのを想像した時、私は胸が苦しくなってしまったのです。

以前の私だったら、そんな胸の痛みなど気づかないふりをして、「ありがとう！　娘も喜ぶわ〜、ぜひみなさんで来てね！」なんてお返事していたかもしれません。でも私は自分に正直に生きるようになってしまっていたので、わずかながら感じた「娘は死んでいるのに、この子たちは生きていていいな」という嫉妬のような気持ちをごまかすことができませんでした。

その頃は制服姿を想像するだけで胸がキューっと痛むような状態です。お友達に来てもらってもどうしたらいいのだろう。おもてなしできるできないの問題ではなく、自分がどうにかなってしまいそうで怖かった。友達としてお線香をあげたい気持ちや、大切に思ってくれる優しい気持ちは、とても嬉しく受け取りたいですし、娘との時間を作ってあげたい気持ちもあるのです。でも純粋に喜ぶ気持ちだけでない自分がいて、そんな自分を見られるのも隠すのも嫌な自分がいたのです。

「無理、断りたい」かすかに私の心の声が聞こえました。でも頭の中では自分の心の声を否定する別の声がします。「せっかく来てくれるって言っているのに、断っていいの？」「優しい気持ちを無駄にして申し訳ないよね？」「お友達だって娘とお話ししたいのだから邪魔しちゃいけない」……もっともらしい言葉は、私の断りたい気持ちを必死に止めようとしていました。

でも私は勇気を振り絞って、もうどうにでもなれという気持ちで、かすかな心の声を優先しました。無理なものは無理なのです。冷静に考えれば、むしろ無理して迎え入れた方が相手に対して失礼です。嘘の笑顔に、嘘の言葉では、せっかくの優しさを雑に扱っているようなもの。私は周りの人を信頼して私を大事にすると決めたのですから、その意思を貫こうとしました。

そして葛藤の末、お母様を通して、正直な気持ちをお伝えして訪問をお断りしました。「申し訳ないのだけど、みんなが生きていることが羨ましくて、苦しくなってしまうのでお気持ちだけ頂戴します。ありがとうって伝えてね」

すると、そのお母様は「本心を話してくれてありがとう。苦しいことしなくていいよ。大丈夫。子どもたちには言っておくね」とすんなり爽やかなお返事をくれました。じんわりと感謝の気持ちが込み上げました。善意も優しさも断って大丈夫だった。断ってよかった。たぶん初めての経験でした。

この時まで優しさや善意は受け取るもの、受け取らなくてはならないものだと思っていたと思います。断ってはいけないと思うからこそ、断らなかった時に起こる現実を想像して、胸が苦しくなったのです。はじめから断ることを自分に許していれば、胸の痛みを感じる隙などなかったのです。私はどこかで身につけてしまった「断っては申し訳ない」という思い込みに苦しんでいたのです。

それにしても、なぜ「優しさを断ってはいけない」なんて思い込みをしていたのでしょう。逆の立場だったらまったく構わないことです。もしも私の優しさが苦しめることになるなら、遠慮なく断ってほしい。世の中のほとんどの人はそう思うはずです。だから、自分も断っていいはずなのです。でも私は優しさを断ってはいけないと思っていました。どこかで教えられ、忠実に守っていたのか、または、自分が実際に断られ傷ついた経験があったから、人にはしないようにしていたのか、またはそのどちらも関係しているのかもしれませんが、私の無意識の領域に、思い込みの根拠となるものはあったと思います。そうでなければ、「優しさを断ってはいけない」という概念は私の中に存在しないはずだからです。

確かに、よかれと思って差し出したものを突き返されることは、びっくりすることかもしれません。でも、優しくしてあげたのに断られたと拗ねるような優しさは、優しい自分を認めさせたい承認欲求です。本気で相手に優しくしたいと思ったら、相手がしたいようにさせてあげることこそ優しさです。そのことに気づくためにこの経験があったのかと思うと、またまた感謝が込み上げます。

そして実際に断ってみて理解できたことは、今回の私のように、私が自分の気持ちを優先して、優しさを断ってみることは、相手も自分も最高に幸せにするということです。相手の人は、私が一番喜ぶ優しさを、さらにプレゼントすることができたということですし、一方私は嘘偽りない心からの感謝の言葉を返すことができ、お互いにとても満足する愛のやりとりができたのです。とても素敵な体験をさせていただきました。

あの時はまだ、常識という他人軸の洗脳から完全に解放されていないので、娘の死の絶望の底で自らが生きるか死ぬかの瀬戸際にいなければ、優しさを断っていいなどとは、気がつけなかったことだと思います。死の悲しみは、愛を教えるきっかけでした。

19 しきたりをやめる

子どもを亡くした遺族となって、初めて体験することがたくさんありました。まさか自分の子どもの葬儀を行うとは思っていませんでしたが、この立場になってみて、当たり前と思っていた法事が、とても辛いことだと知りました。私たち夫婦は葬儀こそ、葬儀屋さんが勧めるまま行いましたが、その後は常識にとらわれることなく、自分たちが辛くならないように相談しながら、亡き娘との関係を築いていこうとしました。

具体的には、四十九日以降の法事をやめ、納骨せず、喪中はがきと年賀状の習慣をやめました。やめた理由をここから言い訳のように書き連ねていきますが、私はこの方法をとってよかったと思っています。そして自由に亡き娘との関係を築けた今、とても幸せに生きています。誰かの参考になるかもしれないので、書いておきたいと思いました。

そもそも法要の目的とは、残されたものが故人の死を肯定的に捉える機会を提供するためだと思います。我が家の場合は、お坊さんの付けてくださった戒名や、お葬式でお話しくださった法話は大変ありがたいものでしたし、そういった心が軽くなる場面だけならばいいのですが、わざわざこの世にいないことを何度も突きつけられる行事が必要とされる意義を感じられませんでした。

「もう一年経つのだから、あの世の存在のためにも、そろそろ元気になりなさい」ということなのでしょうが、一番身近にいた家族が自分たちのペースで心を癒やすことを最優先にしてもいいと思うのです。

親のエゴかもしれませんが、親孝行者の娘が成仏するなど当たり前の話であって、幽霊でもいいから会いたいくらいなのです。それなのに法事の度に肉体的な別れを認識するのはとても辛いことです。もちろん心が休まる方もいると思うので、法事そのものがあることには意味があると思いますが、弔いの儀式で苦しむ人がいないように、親族のしきたりなどに縛られず、選択の自由があっていいと思います。

私がこのようなことを言うことに、眉をひそめる方もいるかもしれませんが、なぜ自由ではいけないのか、この際考える機会にしていただけないでしょうか。神様は人の自由が許せない心の狭いお方なのでしょうか？　それとも仏様は人が幸せになることをお咎めになるのでしょうか？　キリストは罪人が無理をするのは当たり前だと思っているのでしょうか？　ご先祖様は泣いて苦しむ子孫を見たいと思っているでしょうか？　そして故人は、私たちにどうやって見送ってほしいと思っているでしょうか？

若干煽り気味になってしまいましたが、法事をしないことを自分に認めるために行き着いた私の答えは、神仏も故人も、私たちを苦しめようとはしていないということです。無理をする理由などどこにもないのです。むしろ、神の恩恵を受け取って、安らかでいることこそ供養であり、信仰だと思ったのです。

そして実際にゆったりとした時間の中で、じっくりと悲しむ時間を取ったことは、私たちが愛し合ったことを証明し、これからも愛し続けるだけだと覚悟させたと思います。法事がなくても、自然に任せたことで、私たち家族は亡き娘との新しい関係を築きあげていけたのです。

次にお墓ですが、我が家にはお墓がありませんでした。正確には、義父が青森にある先祖代々のお墓をどうするかで、親戚と話がついていない状態で、関東でお墓を建てるか思案中とのことでした。義父母はお墓を早急に準備しようとしてくれましたが、お墓のことを考えると、寂しくて胸がキューっと痛みました。心が拒否しているのは明らかでした。

夫は両親がお墓のことを勧めてくれていたこともあり、初めはお墓を建てることに前向きでしたが、現代のお墓事情は形だけのようなものもあり、次第にお墓に埋葬することにこだわらなくなりました。両親も自分たちの青森のお墓のことも解決したいので、とりあえずお墓を急いで建てることは白紙になりました。そして今では、私も夫も娘が好きだった海に一緒に散骨してもらいたいと思っています。生き物としてナチュラルなことだと思えるし、娘たちにお墓のお世話もさせたくないですしね。

さて、一番悩んだ末に決めたのが、喪中はがきを出さずに、年賀状もやめるという選択です。喪中はがきを出すことを考えるだけで辛く、この先我が家の年賀状を作ることも想像できませんでしたが、これまで子どもたちの写真入りで送ってきた年賀状は長く続けている友人やお世話になってきた方ばかりで、突然やめてもいいものか正直悩みました。でもいろいろな幸せのご縁で繋がってきた人たちには、娘のことを知らせて心配させるより、年賀状をサボって好き放題生きている自分を想像してもらうほうがいいかなという結論に至りました。

もしも年賀状のやり取りだけの関係なら、この機会にやめるのもお互いのためかもしれませんし、また、もしもそれで気分を害してしまう相手がいたとしたら、娘のことで手いっぱいの私には厄介な関係です。もちろん私に厄介な関係の友人はいないと信じての決断でした。また、人の死を知ることは家族でなくてもショックを与えることです。知らせない優しさということにして、自分を納得させました。

こうして私たち家族は、好きなように、毎月の命日を過ごし、お墓参りも、年賀状のやり取りもないストレス皆無の中で、娘とは毎日のように会話し、幸せな供養を続けています。娘の妹たちは何やら仏壇の姉に向かってお願いごとをして、娘は神様のように扱われていて、生きていた頃とあまり変わらない三姉妹の光景に微笑ましい限りです。しきたりに囚われなくなった生活が本当に楽で、娘はここでも私たちを幸せにしてくれているのだと思います。

20 命日の過ごし方、我が家の場合

毎月の命日、そして祥月命日をどう過ごすかは、家族や信仰している宗教によってそれぞれだと思いますが、我が家の場合は少し変わっているかもしれません。この命日の過ごし方は、亡き娘がどうやって命日を過ごしてほしいのかを私たちに教えてくれたものだと思っています。なぜならその日はもともと我が家では特別な日だったからです。

実は娘が死んだその日は、夫の誕生日。我が家にとって家族の誕生日は、年に数回のお祝いのご馳走を囲む特別な日です。あの日も本当なら、夜はお祝いの宴がささやかに開かれるはずでした。

夫は自分の誕生日に死んだことを「これから誕生日が来るたびに辛い思いをするのかな、自分の誕生日を嫌いになるね」なんて言っていました。でも娘がそんな仕打ちをするなどまったく想像できないのです。もしも何か意味があるとしたら、もっと違う意味があるはずだと思いました。そしてハッと閃いたのです。

肉体の娘にそんな意思があったかどうかはわかりませんが、魂の次元の娘は、自分の命日として、私たち家族が苦しんだり悲しんだりする日を作りたくなかったのではないかと思ったのです。大好きだった父親の誕生日が命日になったら、彼女のためにも、我が家では絶対に夫の誕生会をするはずだからです。

毎年、祥月命日が夫の誕生日なのですから、楽しくお祝いすればいいのです。娘にとって、みんなが楽しんでいる姿こそ嬉しいのだというメッセージなのだと思いました。

思い返すと娘はよく「うちの家族ってサイコーだよね」と満足そうに言っていました。中学三年の時は、部活をやめ、入試に備えていたため、家族と過ごす時間も結構ありました。魂は死ぬことがわかっていたから、家族との時間を確保してくれたのかなと今では思ってしまいます。

娘は家族全員で楽しい時間を過ごしているのが好きでした。ボードゲームやカードゲームもよくやりましたし、みんなで食後にお茶をしながら語り合った日々を思い出します。命日は、その様子を見せてあげる日にすればいいのだと思いました。どんなお供えものよりも、どんなに大きな花束よりも、彼女が嬉しいお供えものなはずです。

そしてそれは同時に、私たち残された家族も、苦しむことなく命日を過ごせるという、完璧な仕組みであることに気づきました。私たちが娘のことを思ってすることが、自分たちのことも幸せにする。幸せの循環が起こっているのです。

祥月命日の過ごし方は、娘の命日を意識することなく、夫の誕生日を祝う日とするのが、我が家の習わしになりました。そして、近所でお世話になっているママ友は、娘の祥月命日に果物を持ってきてくれるのですが、その時に毎回こう言ってくれます。「パパさんのお誕生日おめでとう！」その気持ちがありがたくて涙が出るほど嬉しいです。

さて、その他の月命日については、もう特に気にしていません。最近は過ぎてから気づくこともあります。それはたぶん、いつも一緒だと感じているからだと思います。生きている時とほぼ変わらない対応です。

夫は仏壇管理担当なので、毎日仏壇にお線香をあげますが、私は娘が生きていた時と変わらず、別に仏壇に向かうわけでもなく、その時いる場所で語りかけます。娘はお仏壇にいるわけではなく、いつも私たちと行動を共にしていると思っているからです。お供えも、生きている時同様、家族の一人としてシェアしている感覚です。

そして、私は娘が亡くなる数カ月前から、第六感というか、誰も感じられない匂いを感じる体質に変化していまして、娘が私に話しかけたい時は、匂いで知らせてくれています。そんな時は、必ず、何か重要なことに気がつくようになっています。というわけで、普段から私ばかりが一方的に話していると感覚でもないので、本当に命日など私たちにとっては意味がなくなっているのです。

娘の肉体がないのは確かなことですが、娘と私の関係は以前とあまり変わらないので、最近は特に、命日って何だっけ？　という気分です。そして、それが娘にとっても心地良い供養なのかなと思っています。私たちを幸せに導いてくれるのがその証拠です。

21

挨拶をやめる

挨拶は大切。私はそう教えられて育ち、実際に挨拶を通して人と良好な関係を築いてこられたとも思っており、教えには感謝しています。でも自死遺族になったある日、人と挨拶することが、こんなにも苦痛に感じることなのかと身に染みて感じる体験をしました。

高校生だった長女が命を絶った時、次女は小五、三女が小一で、四十九日もまだ終えていない頃、小学校の土曜参観がありました。ずっと引きこもっていたたい気持ちもありましたが、次女は思春期に差しかかり、三女は入学したばかりですし、担任には長女の死を伝えてあるため、余計な心配をかけることを避けるため、頑張って参観日に行くことにしました。頑張り癖はなかなか抜けないものです。土曜日なら夫も一緒にいられるため、少しは心強かったのだと思います。

頑張って外に出ましたが、はじめに思ったのは、「誰にも会いたくないな」でした。しかし幼稚園では父母会の会長、小学校でも中学校でも地域でもいろいろ活動していた私が知り合いに会わないことなどあり得ませんでした。実際「おはよう！」と声をかけてくれる人がたくさんいましたが、私もいつも人に会えば挨拶をする人でしたから、相手にとってはいつものことです。私がありったけの勇気を振り絞っているなど、誰も気づきません。

はじめは挨拶に応えていたのですが、ある人が、「お姉ちゃんは今日家？高校生は学校かな？」と聞いてきたのです。すぐに返事ができませんでした。涙をこらえた顔で「ごめんね。今その話はできない」と言ったと記憶しています。その方は咄嗟に事情を察したようでした。聞いてはいけないことを聞いてしまったと思ったと思います。

その時、私の事情を伝えられた方も困るということを知りました。この出来事は相手にとってもまたショックなことであり、そして私に対して何ができるかわからず、戸惑い、もしかしたら自己嫌悪するかもしれないことなのです。もしも私が彼女の立場なら、どうしていいかわからず、何もできない自分に落ち込んだかもしれません。

とても近しい仲ならまだ許されるかもしれませんが、仲が良いといっても子どもを介した繋がりのママ友です。彼女が苦しむかもしれないことを、私はその場の流れでやってしまったことを深く反省しました。実際彼女はとても明るく元気で、いつも会えば話をしている方だったのですが、今は話しかけて来ることはありません。でもそれは優しさなのだと感じています。

このことに気づいてから、私は人と目を合わせないようになりました。そもそも誰とも会いたくないのですから、目を合わせなくていい絶好の口実にもなりました。人にも自分にも優しいことなのだと自分に言い聞かせ、私は、自分から挨拶をすることはもちろん、人と目を合わせないようにしようと思い実行しました。

真っ直ぐ前だけを見るのです。事故に遭わないように目は開けていますが、絶対に人のことは自分から見ることはありません。もちろん話しかけられたりすれば笑顔で対応しますし、何か目的があれば自分からコミュニケーションを取ることもありますが、目的もなくただ雑談することや繋がりの証明のために話をすることはなくなりました。

また、やめてみてわかったことですが、挨拶もおしゃべりも、自分が何か目的を持ってしているのならいいのですが、ただ単に「知人に合ったら挨拶をするものだ」という教えを守っているだけなら、それは挨拶をする良い子であることや、おしゃべりをする友人がたくさんいる自分をアピールするためだったのかもしれないということです。自分が恥ずかしくなりました。

もちろんアピールするためだと意識的にやっている人など政治家でもない限りいないと思います。私も知人にあったら挨拶するものだと思っていただけです。子どもの頃に躾けられたことを守っていただけです。挨拶をして友人がたくさんいることが社会で求められていることだと思うから素直に守っていたマナーのようなものなのです。裏を返せば、挨拶をせず、ひとりぼっちなことはよくないことのように思っていたということです。

ところが、挨拶しなくても、おしゃべりしなくても実際はまったく困りませんでした。私が挨拶し、おしゃべりしていた人たちは、確かに子どものことで助け合う仲間です。でもそのために必要以上にコミュニケーションをとる必要もないのです。それに挨拶やおしゃべりをしたことがないからと助けを求めても無視する人などいるでしょうか。もしいたとしたら、そんな冷たい人からは学ぶこともないでしょうし、そもそも仲間でいるのが恥ずかしいですよね。

そして、自分が挨拶されて苦しい体験をしたことで、挨拶をしないことも愛なのかもしれないという気づきがありました。誰だって一人にしてほしいことはあります。それでも挨拶はいいことだという概念が日本人にはあると思うので、挨拶をスルーするのがなかなか難しい人もいると思うのです。心とは裏腹に体が勝手に反応してしまうことだってあると思います。

ですから私は今も自分に必要がある時以外は、誰のことも眼中に入れません。必要がある時に話しかけてもらえればいいですし、必要がないと思われていることのほうが幸せです。なぜなら、誰かを必要としていない時、その人は十分に満たされているということだから。

それに、声をかけてあげないといけないような可哀想な人などいないからです。以前は自分がひとりぼっちになると嫌だったので、ひとりぼっちの人を見ると可哀想に思い、声をかけていたこともあります。でも今は、誰もが自分を幸せにできる力を持っていると信じてあげることこそ、真実の愛だと思っています。

22

逃げる・スルーする・無視する

タイトルの言葉にどんな印象を受けるでしょうか。以前の私だったら、そのような人様に失礼なことはしてはならないと思ったでしょう。逃げるは卑怯、スルーは非情、無視は犯罪！　くらいに思っていました。

過去の私は誰からも逃げずに、真正面から立ち向かい、かかわるすべての人の相手をして、誰の話にも耳を傾けました。我ながら頑張っていたと思います。その経験は無駄ではありませんでしたが、娘が亡くなり引きこもってからは、今に至るまで、その生き方はしていません。とても疲れることで、無理をすることだからです。エネルギーを吸い取られそうなやばい人からはすぐ逃げますし、興味がなければスルーして、誹謗中傷はもちろん無視します。でもそれが以前はなぜか無責任に思えてできなかったのです。自分にかかわってきた人は相手をしないといけないと思っていたので、それをしないことに罪悪感を感じたわけなのです。

そもそも逃げない、スルーしない、無視しない、という考えの根底には、「自分がされたら嫌なことはしない」という概念がありました。どこの誰に聞いたか忘れましたが、ずっと私の中にある言葉でした。それは自分にとってもメリットがあったから信じていたわけです。要するに私は、逃げられたり、スルーされたり、無視されるのが嫌だから、自分はそれらの行動をとることはなく、またそれらの行動をとる人を「人の嫌がることをする」失礼な人だと思っていたということなのです。

その思いは、私が逃げたりスルーしたり無視することを許しませんでした。自分を失礼な人間だと思いたくないので、どんなに恐くても相手をして、どんなに嫌いな人でも挨拶して、どんなに嫌がらせを受けても、受け止めてしまうように自分自身を縛りました。それに、その行動は強い私を作り、人脈も経験も増やしてくれたので、道徳的に良いことをしているから、自分が成長できるのだと錯覚し、縛りから抜け出られなくなっていました。

でも、娘が亡くなったことで私は無理ができなくなり、誰ともかかわりたくなく、その自分ルールの縛りを自ら解いたのです。人から失礼な人間だと思われてもいいから、人から逃げ、興味のないことはスルーし、答えたくない問いは無視することを自分に許したのです。娘のおかげで以前とは180度違う自分になれたのでした。すると、新たな気づきがありました。

ある日、小学一年生だった三女のお友達が学校からの下校中に、たまたま家の前にいた私に話しかけてきました。「ねえ、この前、おうちで誰か死んだの？」彼女は告別式の帰り道に喪服でいた私たち家族を見かけていたらしいのです。
以前の私なら、辛くてもきちんと子どもに向き合って、事情を話したでしょう。それが大人のとるべき態度だと信じ、辛くても自分に強いたのです。でも私は応えたくない気持ちを優先し、すぐに目をそらして聞こえないふりをしました。子ども相手に大人げないと一瞬罪悪感がよぎりましたが、やり切りました。

もしも、私が以前のように、真面目になって子どもの問いに真正面から答えることになっていたとしたら、自分がしたことなのに、「辛いことをさせられた」と、あたかも無理矢理言わされたかのように、その少女を逆恨みしたかもしれません。そして、その出来事の後も落ち込んで、自分の子どもに愛情を注ぐ僅かな元気すら失っていたと思うのです。しかもそれすら、「あの子のせいで」と思ってしまったかもしれません。自分が自分をルールで縛った結果なのに、身勝手すぎますよね。

しかし、その時の私は、たとえ子ども相手だったとしても、自分と自分の愛する家族のために、自分を守ることを優先したのです。

すると私の中に、自分自身と、この少女に対して自分を大切にする体験をさせてくれたことに対する感謝の気持ちが湧いてきたのです。そして、少女の言動に対しても「自分に正直で素直な子だな～」と大らかな気持ちで受け流すことができたのです。

「自分がされたら嫌なことをしない」ルールを守ることに執着すると、嫌なことをする人を攻撃し、自分も周りも苦しめてしまうけれども、「自分がされたら嫌なことでもさせていただく」時、感謝が生まれると同時に、誰かが嫌なことをしても許せる余裕が生まれることを知りました。人を許すことができる人ばかりの世界はきっと平和だろうなと思います。

でもこの私の行動によって、私は良くても、相手の少女は嫌な思いをするのではないかと思われますか？　その考えは脳の罠だと思います。ここまで書いてきた通り、誰かのために自分を犠牲にしている限り、誰かを攻撃する自分になってしまうループから抜けることはできません。

きっとその少女は「聞こえなかったかな?」と思うか、「変なおばさん」と思うだけなのです。もしもその少女が「嫌なことされた」と思うなら、自分を大切にするためにもその場で私に怒ったり、家に帰って親に相談してもいいのです。そうすれば私も、どうして返事をしないのかを説明するでしょうし、お互いに近寄らない関係になれるので、どちらにしてもお互いを大切にできるのです。実際その子はその後も三女と普通に付き合い続けましたし、私にも変わらず話しかけてきました。そしてもう同じことを尋ねてくることはありませんでした。幼いなりに、何かを察してくれたのでしょう。そうやって人間というのはしっかりと成長する賢い生き物なのですよね。それを信頼するのも、愛だと思います。

逃げるのも、スルーするのも、無視するのも、時と場合によって自分を守るものならば、自分を大切にすると思って勇気を出してやってみることをお勧めします。人に嫌われてもいいと覚悟したはずなのに、嫌われるどころか人の愛に感謝しかなくなります。

それに、自分がすることは人がしても許せるようになります。そしてその裏側に何があるのかも気遣ってあげることさえできるのです。たとえば今の私は、無視をされたとしたら、無視した人は、一生懸命自分を守ろうとしているのだと気づいてあげられるのです。

今の私は誰かから無視されたり、拒否されたりしても、傷つくことはありません（まあ、されることもないのですが）。相手にも事情があることがわかるからです。そしてこの体験は、私から「許せないもの」をなくしてくれました。自分が経験したことがないことであったとしても、すべてのことにきっと愛の理由があるのだと信じられるようになったからです。

23

夫に文句を言う

娘が亡くなる以前の私は、ここまでにも書いてきた通り、良かれと思ってたくさんの我慢や無理をしていたわけですが、娘の死後、我慢や無理をしたところで、悪いことも起こるなら、打算で我慢や無理をすることをやめようと思えるようになり、ついに、最も我慢していたと思われることを行動に移しました。夫の収入への文句です。

そんなこと？　と笑われるかもしれませんが、結婚した時に実母に言われた「旦那さんの言うことはすべて『はい』だよ。特に旦那さんのお給料に文句を言ってはいけないよ」という言葉をなぜか一生懸命守っていました。そうすれば家庭は円満なのだと信じていました。

私たち夫婦は結婚前からそれぞれ月に三十万円以上は稼いでいて、夫の給

絶望の底ではじめた新しい自分
～行動編～

料に不満はありませんでしたが、結婚して長女が生まれ、私が専業主婦になった途端、リーマンショックや勤務先の買収で、夫の給料の手取りは一気に以前の半分以下になりました。仕事を辞めて主婦になった私の収入はゼロでしたから、世帯収入は出会った頃のおよそ四分の一です。

それなのに当時の私は、貯金を使い果たしても「大丈夫、大丈夫、なんとかなるから。いつも働いてくれてありがとう」なんて悠長なことを言い、自分の不安もごまかしていました。褒めたら伸びるだろうと、微かな望みを言葉に託していましたが、まったく効果はなく、結局、子どもが三人に増えても、夫の収入は私が結婚前に想像もしなかったほど少ないままでしたが、親の援助や在宅パートの仕事で生活はどうにかなるので、私たち夫婦はお金の問題を真剣に考えることをせずに、ごまかしたままでいました。

でも娘の死という現実を突きつけられた私は、娘が亡くなった前日にパートに出かけて娘の話を聞いてあげなかった自分を責めながら、夫に腹が立ってきたのです。もっと稼いでいてくれたら、私はパートに行かず、娘の話を聞いてあげられたかもしれないという思いが抑えられなくなりました。
自分が「もっと稼いで」とも言わず、お金のことを相談していないだけなのに、勝手なものです。でも腹が立ったおかげで、ずっと我慢していた思いが吹き出しました。

「もっと私たちのために稼いできて！」「自分の給料それでいいと思ってるの？」「ずっと我慢させるつもり？」「どうして稼ぐ方法探さないの？」「娘も高校でかかるお金を気にしてたよ？」怒りと共に抑えていた言葉たちが出るわ出るわ。でも言いながら気づきました。これは私自身に対する怒りでした。ずっと勝手に我慢して、自分をごまかしていたのは自分だったことを夫に怒りながら感じ取っていました。

そして、怒りを出し切った私は、今まで文句を言わなかった理由や、本当は不満でいっぱいだったこと、わかってもらえない寂しさ、いつでも娘たちのそばにいられるよう外で働きたくないと思っていることを伝えました。そして私が自分の望みを我慢しない人になって不都合があるのなら、もう私は以前の私には戻れないので、離婚したほうがいいとも伝えました。

すると、そこから夫は変わってくれました。私がしてほしいことを嫌な顔一つせずすべてやってくれています。会社でも積極的に動くようになったのか、給料は倍になり、成績優秀者に贈られる特別なボーナスも何度もいただきます。私が我慢をやめるだけでよかったのです。私が要求するだけでよかったのです。夫は「稼いで！」と言われたら稼ぐ人だったのです。

「夫に文句を言ってはいけない」という教えは、私たち夫婦には合わないものでした。この昭和初期的な考え方は、私の父や、その当時の人には良かったかもしれませんが、そもそも共働きも当たり前な今時、こんなルールを喜ぶのは、妻を幸せにする自信がない旦那さんぐらいなのではないでしょうか。

たとえば、私はもともと子どもたちに文句を言われるのが嫌いではありません。子どもたちの望みがよくわかりますし、わがままを言われたり、甘えてもらうのは、信頼されているからこそだと思うからです。そして子どもたちの期待に応えるために自分を成長させたくなるからです。もちろん、できないことは断りますが、子どもたちが文句を遠慮なく言える母親でありたいと思っています。

夫も同じなのです。妻や家族にわがままを言われ甘えてもらうのは嬉しいことであり、期待されているから頑張れるのでしょう。今でも私が要求していないことは何もしませんので、どれだけ私が夫を信頼するかが試されます。夫には無理だと思うと頼むことはできないので、私が夫を信じる大きさに比例して夫は立派に成長するのかもしれません。現在進行形で実験中です。

これも娘の死がなければ体験できていないことです。娘は夫婦関係を修復しただけでなく、夫婦で成長し続ける仕組みについても気づかせてくれました。

24 アラフィフの反抗期

夫に文句を言えるようになった私は、自分が抑制してきた母への感情にも気づいていきました。実は同居を始めた頃にも、一度爆発したことがあるのですが、その時も言いくるめられたような形で終わり、不完全燃焼だったのか、私はどうやらかなり母を恨んでいるらしい自分に気づきました。

私は長女を産んだ頃に、母から、「テレビや携帯は子どもによくないから、ほどほどにね」と言われていました。素直で（この際自分で言ってしまいますが）真面目な私は、早期教育用のビデオを見せる時以外は日中にテレビ画面をつけることはなく、また子どもが起きている時間に携帯を触ることはほとんどありませんでした。

でも、いざ母と同居してみるとどうでしょう？　三女がまだ一歳になりたてなのにもかかわらず、母は、小さな孫が何やら話しかけても、大好きなフィギアスケートの番組を見て「うん、ちょっと待ってね」を繰り返し生返事です。携帯電話も孫たちより優先しているではありませんか。もう呆れるやら悔しいやら。子どもにとって良くないと私に教えた行動を、母は何のためらいもなく、約十年もの間その教えを守ってきた私の前でやってのけたのです。

しかも母はこれでも教育カウンセラーの仕事をし、子育て系のシンポジウムなどで講演を頼まれるような講師や団体理事なのです。だからこそ尊敬もしていましたし、ありがたく教えを守っていたのに、裏切られた気持ちと、我が子に対する態度に頭にきたどころではありませんでした。

今思えば、母は自分ができていないことだったから、私にやってほしいと思ったのだと思いますし、子育てのエキスパートとなるまで勉強や行動をして得た知恵を私に託したのだとは理解できるのですが、その時はもうショックとしか言いようがありませんでした。

そして、私は母に、思ったままをぶちまけました。「自分ができていないことを、世の中のママたちに教えていいの？」「私にばっかり正論押し付けて、私をコントロールして、私はあなたのペットじゃないんだよ！」そんなことを言った記憶があります。

でもその時の母の反応は、「まあ、かわいそうに……辛かったのね……」という、人を憐むような態度のみ。謝らずに、私の心配をする母に拍子抜けしました。「誰のせいでかわいそうなの？」と思いましたが、母には通用しない気がして、私はとりあえず言いたいことは言ったという達成感のようなもので引き下がったのだと思います。

その後も私を裏切るように、母の周りは私に教えたものとは矛盾するものでいっぱいでした。私に片付けを口うるさく言っていたのに、自分の部屋は埃だらけでしたし、人の悪口は言わないように躾けられましたが、新聞に向かって、知らない人相手に批判を繰り返していました。挙句の果てには、夫に文句を言わないように言っていたのに、父に対してため息をついているではありませんか。

私はそんな母に嫌悪感を募らせていたのは確かですが、親孝行して喜ばれた時の顔や、親子の仲が良いことを喜んで友人に話す母の姿を思い出しては、一生懸命その怒りを鎮め、母を許そうとしました。でもそれは紛れもなく、我慢でした。

その我慢は娘が亡くなった時に、ついに恨みとなって吹き出しました。そして私は恐ろしい自分に気づいたのです。仏壇の前で悲しんでいる自分でありながら、母に対して「ざまあみろ！」と思っている自分に出会ってしまったのです。

その「ざまあみろ」と思っている私は、私が苦しむことで、母の教えが間違っていることを証明したいと思っているようでした。「あなたの教え通りに生きていると、こんなに不幸になりますよ」と言おうとしているのでした。そして子どもが苦しんでいる姿が母親を苦しめると知っているからこそ、自分が絶望すれば、母を懲らしめ恨みを晴らせると思っているようでした。

なんて残酷で冷徹非道な自分。でもそれは紛れもなく私の中から湧いてきた言葉でした。自分が恐ろしくなりました。私が我慢を重ね恨みを募らせていなかったら、私は悲しい自分を演じる必要もないはずです。もしかしたらこの絶望的な現実は、親への復讐にもなっているのではないかと思いました。親への復讐のために、大切な娘が命を絶つというシナリオを私は自分で演じているのかもしれない。娘の死はそんなシナリオのために利用されていいはずがありません。

私は親への復讐をやめなければいけないと、自分に言い聞かせました。そもそも自分が我慢しているのがいけないのです。我慢さえしなければ恨みになりません。ムカムカするたびに、言ってスッキリすればよかったのです。

しかも我慢した理由は、「親だから」に尽きます。心のどこかで、仲良しでいたいという思いや、親をがっかりさせたくない（がっかりした顔を見ると辛い）という思いがあるからです。しかもその思いの根底にあるのは、親に認められてないと自分に価値がないように思える自己無価値感でしかありません。

自己価値が低いことや、このような性格になったことも親のせいにしようと思えばできますが、もう大人になった私は、自分で自己承認のテクニックも学べます。いつまでも甘えているのではなく、さっさと反抗期を経て自立しなくてはいけなかったのです。

私はどんどん反抗しました。思ったことを遠慮なく言いました。言いたくても言えなかったことも思い出すたびに、「あの時はこう思った」と言うようにして、自分の内側に溜まった澱を掃除していきました。母も辛かったと思いますが、よく辛抱して聞いてくれていました。相変わらず謝りませんし、たまに逃げられたりもしましたが、私は自分の言葉を伝え続けました。

そして、最近、母が謝らない理由がわかってきたような気がするのです。それは、母は母なりに自分を一生懸命生きていて、未熟な自分であっても、失敗する自分であっても誰かの役に立っていると知っていて、人間誰もが、未熟で失敗するけれど、それでいいのだと、ある種の悟りのような境地にいるのではないかと思えてきたのです。

謝るということは「悪い」という前提があるから謝るのです。でも彼女は誰も悪い人などいないのだということを、自ら体現して見せているだけなのだと思えてきたのです。そしてそれは私が母親の立場である時に、何かを間違えたとしても「悪」ではないと言ってくれているように感じたのです。

そして、しっかりと毒親を演じてくれることで、私が反抗するという体験を通して自立していけるように、実はしっかり母親の役目を果たしているのだと、今は思います。また同時に、私が娘たちに毒親と思われることを恐れず自分を生きられるよう、私を支えてくれているようにも感じています。

母がしていることは社会では褒められたことではないことかもしれませんが、人間誰しも褒められた存在でなくてもいい。生きているだけでいい。むしろ誰かに褒められようとするより、自分が自分を大事にできていると自分を褒められたらそれでいいのではないかと、母を見ていると思えるのです。

もちろんこれは、母から確認を取ったわけではありませんし、もしかしたら、一ミリもそんな悟った考えの上で行動しているわけではないのかもしれ

ませんが、私がそう受け取れたのならそれでいいのです。今となっては、この人の娘で大正解だったなと喜びすら感じます。

そしてこの体験ができたのも、娘が亡くなるという絶望的な現実を突きつけられたからこそだと思う時、やはり娘は私の守護天使だなと思います。そして絶望は愛であり、死は教えであり、家族は学びを助けてくれる魂の仲間だと思います。

特に母親は遠慮のない反発ができる一番の相手なのに、仲の良いふりだけをしていてはもったいない相手でした。自分を産んだ人を超えようとすることは、生物の本能でもあるはずです。親孝行を本当にしたいのなら、聞き分けの良い子や、優しく親思いのふりをするのでなく、親を超えて、自分の腕の中に守っていけるようになるまでは、反抗していていいのかもしれません。

自分らしく生きる時、反抗期は避けて通れない道なのだと思います。そして、父親もまた超えなくてはいけない存在でした。母の教えを守らなくてよくなった私は、父にも挑んでいきました。

25 父親を超えてもいい

私が「我慢なんかしなきゃよかった」と思ったことの中には、そもそも我慢だと思っていなかったこともたくさんありました。

父よりも活躍しないようにする我慢もその一つでした。父には人並みに反抗してきたつもりでしたから、我慢していることに気づいた時は衝撃的でした。しかもなぜ我慢をしていたかと心の中を探っていくと、どうやら「かわいそう」という理由で我慢しているらしいことに気がつき、二度衝撃を受けました。

なぜなら父は、一見、可哀想などと思われるような人ではなかったからです。お坊ちゃん育ちの長男で、大学こそ一流といわれる学校ではありませんでしたが、誰もが知っている大企業の取締役の座を自力で摑み、娘の私から見たら仕事仲間や部下にとても慕われている人でした。スキーや水泳も受賞歴を持つ腕前で、自慢の父でもあり、なにより何不自由ない暮らしをさせてもらい感謝も尊敬もしている父なはずでした。

でも思えば私は子どもながらに父の自己肯定感の低さを感じ取っていたのかもしれません。子どもの頃、お酒が入った父の自慢話が始まると、弟たちは、知らんぷりを決め込みましたが、私一人だけは、「すごーい！　それでどうしたの？」などと毎度変わらない話に相槌を打っていました。誰かが聞いてあげなくては可哀想だと思っていました。

父は自分が表彰された話や過去の成績や、肩書きや経歴についての自分の話をする時がとても楽しそうでした。でもそれは裏を返せば、社会的に認められなければ価値がないとでも言っているかのようでもあります。成績や肩書きのない自分に価値がないと言っているようでした。

もちろん人に認められるためだとはいえ、努力して地位や名誉を獲得してきた父を尊敬します。ただ、そんな父を私はどこかで気の毒に思っていたからこそ、私は父の話を聞く役を買って出ていたのだと思えてきたのです。

そして、その頑張っているかっこいい父をそのまま演じさせてあげたい気持ちで、私は自分の立ち位置を「父を超えない娘」でなければいけないと思っていた自分に気づきました。

「父を超えてはいけない。私が父を超えてしまったら、父は自信を失くすだけでなく、自慢する相手を失ってしまう。そうしたら父は一体どうなってしまうのだろう。私がかわいそうな人になれば、父はいつまでも私を弱い娘として世話することができ、武勇伝を聞かせることができる。その時きっと父は自分に力を感じるだろう」そう思っていたのです。

でもこれは父に対する優しさのようでいて、侮辱でした。娘にかわいそうと思われて嬉しい父親がいるでしょうか。弱いものを守っていないと自分の価値を感じられないのは、優越感という自己価値の低い人が持つ感情です。父が優越感を得たいと思っていると私が感じることは、侮辱以外の何物でもありません。もしも本当に父が優越感を感じたい人間だったとしても、それに気づかずにいてあげたほうが、娘の優しさなのかもしれません。

私がやっていたことは、夫の時と同じく、相手を信頼していないからやってしまう、我慢なのです。そして実際にかわいそうな弱者に自分を設定するために、自分が娘を亡くすという悲劇のヒロインになってしまうなど、あってはならない話です。親孝行をするつもりが、親不孝です。

私が父の立場なら、娘たちにかわいそうと思われて相手をされているなんて、悲しくなります。気を遣われなくてはいけない存在だと思われるなど、望みません。そして自分に気を遣うせいで、娘たちが不幸になるとしたら、胸が引き裂かれるように辛いことです。娘たちには、遠慮なく私を超えていってほしいと思います。それが私の幸せです。

父も同じはずです。父を尊敬し感謝するのであれば、私は父が育てた子として、父を超えていいのです。それに、もしも万が一、私が父を超えることで父が元気をなくしてしまうのなら、その経験は父の魂に必要なプロセスなのです。その機会を奪ってしまうことは、本当の愛ではありません。

そして、なぜこんな愚かな誤解に基づく我慢をしていたのかと振り返った時、私は弱者になる（父を超えない）ことで得られるメリット（父に優越感を感じさせてあげられる）を言い訳にして、自分が父を超える怖さから逃げていたのだと気づきました。私は自分が成長しない言い訳に父を使っていたのです。しなくてもいい我慢をずっとしていたのは、父のためと言いながら、実は私のためだったのです。あまりの拗らせ方に自分でもびっくりですが、なぜ父を超えることが怖かったのかを振り返ると、幼い頃から言われ続けた、「お父さんのおかげで生きているのだよ」という言葉を心底信じていたからだと気づきました。幼い私は、自分一人で生きていける力がないという信念を持ち、それを大人になっても持ち続けていただけなのです。

それにしても、絶望の底で、父を超えてもいいのだと許可できる自分になれたことは、今こうして発信する人間になるためにも必要なプロセスでした。父が成し遂げたことがないことは、私にとっても恐怖でしかありません。でも今回この本を書くことは、娘への感謝を形にするためにも、私にとって、とても大切な作業です。父を超えるのが怖いなどと甘ったれたことを言っていてはできないのです。娘は私が抱えていた壁を乗り越える力をくれたのです。娘のことがなければ、父との関係性に気づけなかったでしょうし、父を超える行動を一生取らなかったかもしれません。でも娘は自分の死を通して、私を成長させてくれました。娘の死の威力は、長年越えられなかった壁をいとも簡単に壊してくれたのです。

26

子育てを頑張るのをやめる

私は子を産み母親になる前から、子育ての知識はもともとある方でした。歳の離れた弟をお世話しましたし、母が小学校の相談員や子育て系の心理カウンセラーだったことも影響していると思います。また自身も独身時代に従事していた楽器講師の仕事に必要で子どもへの接し方などを独学で勉強していたこともありました。そして、長女を妊娠中には、育児書や妊婦向け雑誌などで予備知識を蓄え、胎教をしたり、早期教育の情報を調べたりして、楽しみながら準備した記憶があります。

実際自分の子を育てる時になると、マニュアル通りにはいかず人並みに苦労もしたわけですが、誰が正解を教えてくれるわけでもなく、私は育児書や心理学、精神世界の本などを読んで、自分なりの子育て方法を見つけていきました。

そして時は流れ、自分の三人の娘の子育てを経て、知識に経験も伴い育児に自信がついた頃からの私は、発達心理学や児童心理学、脳科学などを改めて学び、胎教の講師や産後訪問などの仕事をしてママたちの子育ての相談に乗る立場にもなりました。いつのまにか仕事もプライベートも順風満帆、いよいよ自分のための時間を取れるようになったと思った矢先、突然長女がこの世を去ってしまったのです。

もしも私が間違ったことをして娘を死に追いやったのであれば、それを解明しなければ、私が指導した人たちにも同じような辛い体験をさせてしまうかもしれません。私は責任も感じながら、自分のしてきた子育てを振り返りました。

スキンシップをして、子どもの話を聞いてやり、適度に褒めてやる気を引き出し、栄養バランスのとれた食事を提供し、本や習い事など知的欲求へは惜しまずお金を出し、家族でレジャーや娯楽を楽しみ、お手伝いをさせ、目標達成に応じたご褒美を用意する……、そして一人の人間として対等に接していました。

私は要するに、マニュアル通りの、自分が良いと思う情報を採用して子育てをしていました。どこが悪いのか、何か間違っているのか、考えて思い浮かんだのは、みんな良い情報であることは確かだけれど、「正しいと言われたことを親の自分が無理して頑張っていた」ということです。私は子育てに完璧さを求めるあまり、自分の心の悲鳴は無視して頑張ってしまっていたのです。子どもを大切に思う気持ちが暴走してしまい、子どもが一番求めている私自身をどこかに置き去りにしていました。

もちろん、私の我慢が娘の死に直結したとは言いません。多少の我慢は子育てにはつきものだとも思います。それに一生懸命育児をした経験は無駄ではなかったと思います。ただ、どんなに頑張って一生懸命自分の身を削って子育てしたつもりでも、愛する娘が死んでしまうという経験をした私には、もう我慢をしながら子育てする意味がわからなくなりました。

もともと私は、そんなに器用にできた人間ではありません。一日中ゴロゴロしていたいのです。でも子どもを愛するあまり、子どもに幸せになってほしくて、あらゆる子育て情報を網羅したくなってしまい、自分を心身ともに無理させてまで頑張ってしまったのです。でもそれはもう私ではありませんでした。いろいろな育児書の寄せ集めの架空のお母さんです。

もうそんなどこの誰だかわからないようなお母さん役は終わりにしようと思いました。そもそも生きるのがやっとの絶望の底にいたので、頑張ることは無理でした。恐る恐るですが、自分の本心で子どもとも接するようにしていったのです。

たとえば、外に遊びに行こうと言われても、「ママは今誰にも会いたくないから行かない」と断りました。以前なら誰にも会いたくないと思っている自分を、これから社会に出ていく子どもに見せてはいけないものだと思ったでしょう。また、抱っこやスキンシップも求められたら自分のことは後回しにして応じていましたが、疲れを感じるようなら「今は無理」と断り、子どもの要求を後回しにするようにしました。以前の私なら、そんな母親を軽蔑したかもしれません。

他にも、食事を作りたくない時は、インスタント食品やコンビニ弁当で済ませてもらい、習い事はやりたいと言われても、親の付き添いや当番のあるものは却下し、その理由も私自身が疲れるからと話しました。またお友達を家に呼ぶのもやめてもらいました。自分に負担のある育児習慣をことごとくやめていきました。

それは今振り返っても、とても良い決断でした。私は自分を大切にできている実感があり、わがままを許してくれる子どもたちに自然と感謝の気持ちが湧き、結果として自然と愛情表現をしたくなるようになりました。以前のようにマニュアルに沿った義務のような子育てでは感じなかった、子どもを育てさせていただいている感謝のようなものが自然と私の中に生まれたのです。

はじめは迷いもありましたが、私が徹底していくことで、子どもたちも特に不機嫌になることもなく、すんなりと順応していきました。むしろ、真面目な母親ではなくなった私をおもしろがって可愛がるようになりました。しかも私に影響されることのない独自の世界を作り始めたのです。結局私が子どもたちの生きる力をみくびって、自分で制限を設けていただけだったのです。

そもそも私は子どものことを誤解していました。新生児でもないのに自分が守り育てていかなければ育たないと思い込んでいたのです。ところが娘たちは逞しかった。私が急に変わってしまい、世話もほとんどしなくなったのにもかかわらず、むしろぐんぐん精神的に成長していきました。私が彼女たちの力を封じ込めてしまっていたのかもしれません。

子育てで無理をしないようになって、良かったと思えたことがもう一つあります。それは母親も一人の人間であって、完璧でないことを見せてあげられたことです。

彼女たちが母親になることがあったら、理想通りにできないこともきっと出てくると思います。でも私という無理しない母親を見ていれば、完璧を求めて苦しむことより、楽をして幸せでいることを選べるのではないかと思うのです。娘たちにはどこまでも幸せでいてほしいですから、私を言い訳に使ってもらえたら、嬉しいです。

子育てとは、わざわざするものでなく、ただ自分を生き、自分を見せることなのかもしれません。失敗したり、挫折したり、絶望したり、聖母のような母親像を演じていなくても、愛していることを伝えていれば、それは子どもたちが親となった時に、自分を追い詰めることなく、自然体で子育てができるのではないかと思うのです。

自然体でいることはとても重要かもしれないと、やっと私は気づけました。育児書に書いてあることより、私自身でいることのほうが、私の子どもに必要なことなのではないかと気づいたのです。

子どもを育てようと我慢や無理までして頑張る時、その母親は自然体ではありません。私は長女の胎内記憶の話を聞いているので、「子どもが生まれる前に母親を選ぶ」という話を信じています。もしそれが本当なのであれば、子どもはもうすでに母親の生態・性格を知った上で、その環境を望んで生まれてくるのですから、わざわざ無理をして、本来の自分でなくなってしまったら、とんだ期待はずれです。

もしも子どもが母親を選んでいなかったのだとしても、子どもというのは、自分を生かす力は持っていると私は知りました。何のアドバイスがなくても、自分の好みにあった世界を自分で探し当てて広げていけるのです。親はこの世に産み、健康管理をして安全地帯となってあげればいいのだと思います。むしろ親の良かれと思った過剰なサポートが、子どもの自然な欲求を阻害している可能性だってあるのかもしれません。

それにしてもなぜ、私はこんなにも子育てを頑張っていたのかといえば、娘たちのことが大好きだったのはもちろんですが、よくよく考えてみると、母との関係を拗らせていたからなのです。

私の母は先にもお話しした通り、子育てのエキスパートのような存在でし、冷静になった今振り返れば、本を読み聞かせてくれたり、いつも遊びに連れ出してくれたり、やりたいことはなんでもやらせてくれた良き母だったのですが、なにしろ私が幼かった頃の母はまだ二十台後半、ヒステリックに怒り、手をあげることもありました。私に対してはいつも怖い顔をして怒ってばかりで、弟のことばかり可愛がっているように子どもの私からは見えたのです。

そして、そんな母親にはなるものか！　と子どもながらに思っていて、母より愛情深い母親になりたくて仕方がなかった私は、親になり、愛する娘たちに私と同じような悲しい子ども時代を送ってほしくないという思いが強すぎて、私が子どもの頃に望んだ完璧な母を目指して頑張りすぎてしまったというわけなのです。

たとえば母は、長子だった私のことをあまり抱きしめてくれませんでした。記憶がない頃にたくさん抱っこもしてもらったのでしょうが、弟たちが抱っこされている姿が羨ましかった。だから母になった私は忙しくても抱っこをせがまれたら必ず子を優先して抱きしめました。それは私を抱きしめることでもありました。愛する娘は私の分身のように思えたからです。

でもそうやって拗らせた自分を見つけてしまった私は、自分がそのままでいいとは思えませんでした。そして意を決し母に頼みました。

「抱っこして」

四十半ばの娘が自分よりずっと小さくなった七十の母に真正面から頼みました。早く言えばよかったのに、ずっと我慢してきたのでした。二人で抱きしめ合いながら泣きました。そして母は「あなたが子どもたちをいつも抱きしめてあげるのをみて、自分はしてこなかったなって反省していたの」とめずらしく謝ってくれて、それだけで母のすべてを許す気持ちになれました。そもそも母は気づいていなかっただけなのです。私が勝手に不貞腐れて母への恨みを募らせていただけなのでした。

これは娘からのプレゼントでした。娘が亡くならなければ、無理や我慢をやめることも、子育てを反省することもありませんでした。引きこもっていなければ、私の心の闇は見つけられませんでした。そして私が弱っていると誰もが知っているタイミングだったので、私は母に甘えるハードルが下がったと思うのです。すべて完璧なのでした。

27 「寂しい」と言う勇気

私は娘が亡くなるまで、「寂しい」と言えませんでした。言えないとすら思っていなかったと思います。「私が寂しさを感じるわけがない」という感覚、寂しいと思うことを自分に禁じていたといったほうがいいかもしれません。本当は寂しいなと思うことはいくらでもあったと思いますが、長い間、無意識に自己否定をしていた私は、幸せそうな人を演じて生きていたので、そのキャラクター設定において寂しいことはあってはならないことだったのかもしれません。

でも今はわかります。寂しいと言えるのは、幸せな人だけです。幸せを知っているから寂しさがわかり、幸せを自分の当然の状態だと思えるからこそ、寂しいことを異常事態だと訴えることができるのです。そもそも幸せな人は「自分は幸せなはずだから寂しくない」などと無理に思ったりしません。そんな不自然なことは幸せではないからです。

しかし勘違いしていた私は、寂しいと思うことを自分に禁じて、自分の感情を感じるという幸せを遠ざけていきました。そして感情を感じるということが、どういうことだかわからなくなるほど麻痺した人間になっていました。

それがあの日、娘を亡くすという、肉体が引き裂かれるような痛みを伴う悲しみのおかげで、私は久しぶりに本物の自分の感情を感じると同時に、心の在処を思い出し、自分の中に寂しさを見つけたのです。

娘のいない寂しさを感じる中で、私は自分が娘の亡くなる以前からすでに寂しかったことを思い出しはじめました。それは自分の心の声を自分に聞いてもらえなかった寂しさです。ずっと自分の感情を無視して、心の声を封じ込めて生きてきた自分に対する寂しさや、もっと現実的な場面で見てみぬふりをしてきた細かい過去の寂しい記憶が、溢れるように思い出されました。

その中には、夫に対する寂しさもありました。夫はとても真面目で優しい人ですが、従順すぎるところがありました。私の機嫌が悪ければ距離を取り様子を伺っていますし、私が求めればいつでも相手をしてくれ助けてくれます。でも彼から何かを提案されたり、要求されたりすることはほとんどなく、かといって感謝されるわけでもなく、期待されていないような寂しさを感じていたのです。

心を忘れていた時の私は、自分が幸せかどうかを脳が判断していたので、他人からの情報で自分の状態を把握していました。たとえば、人に「幸せそうだね」と言われれば、自分は幸せなのだと安心できるといった具合です。ですから夫に対する少しの寂しさも、側から見たら「スマートで優しいご主人」と言われる状態であったため、次第に気にしなくなり、ずっと思い出すことはありませんでした。

でも娘の死によって悲しみを嫌というほど感じたことで、やっと自分の心を取り戻し、その心にあった気持ちに寄り添い、「私は寂しい」と自分で言葉にすることができました。自分に禁じていた言葉を吐き、涙がどっと溢れました。私はこの言葉を言いたかったのだと、その時知りました。それは自分が本当に思っていたことだったのです。心を取り戻せたから言えたセリフでした。おかしな話ですが、「寂しい」と言うことで、幸せを感じた瞬間でした。

そしてなんと、そのたった一言の「寂しい」という言葉を聞いた夫は、以前よりも私を気にかけて世話を焼いてくれるようになりました。私が自分から言わなければ夫はいつまでも気づかなかったでしょう。幸せでありたいがために、頑張って幸せなふりをするよりも、ネガティブな自分も認めてあげられる自分でいることが、幸せの秘訣だと知りました。自分自身でいることこそ、幸せだったのです。

自分がわからなくなっていた私に、自分が何を思い、何を感じる人間なのかを教えてくれたのは、間違いなく、心の在り処を痛みで教えてくれた娘です。強がっていた私が「寂しい」と言えたのは、強がる力を失えたおかげであり、弱くなったからこそ、寂しいと言う勇気が出せたのです。

人が強がるのは、本当は弱っているからです。逆に弱さを見せられるのは、人間の弱さを認めてあげられる、ひと周り大きな自分に出会えている人なのだと思います。

28 泣きたい時は泣く

小さい頃、「泣くんじゃないの」と怒られたり、「そんなに泣かないで」と頼まれたりしたことがあり、心のどこかで泣くことは人を困らせることで、悪いことなのだと思っていました。自分に許す涙は、テレビや映画をみた時と、嬉しい時、感動した時だけ。気づけば、心細かったり、悲しかったり、寂しい時に私は泣かなくなっていました。強がって怒ったり、気を紛らわせたり、目を逸らして、ごまかしていました。

そんな私が大人になって学んだことは、赤ちゃんにとって泣くことは言葉の代わりの意思表示の一つであり、大事な意思疎通のツールであるということ。泣くことは乳幼児の生存にかかわるとても大切なことでした。そして泣いている我が子に寄り添い、共感して、より良い状態を望む気持ちをサポートしてあげるのが親の役目なのだと頭で理解し、必死にワンオペ育児を頑張っていました。もちろん泣かずに。

子どもだった頃の私に対して大人は、「泣かないで」と言いました。でも大人になって子どもの相手をするようになった私は、子どもが泣くことを許しました。泣くことが大事だと頭で理解したにもかかわらず、自分には禁じ続けたのは、無意識ではありますが、子どもだった私に対して「泣かないで」といった大人たちへの復讐でした。私が泣かないことで苦しめば苦しむほど、大人たちの教育が間違っていたことにできるからでしょう。

でもそんな復讐は無意味なのです。その大人たちは自分たちが泣かれて苦しかったので、弱音を吐いただけなのです。素直に自分の気持ちを吐き出しただけです。それを大人になっても恨んで復讐するということは、自分で自分の首を絞めているだけでした。

こんな馬鹿げた習慣をやめさせてくれたのも、やはり娘の死なのでした。私は悲しくて寂しくて死にたくなって泣きました。死にたいと思うこと自体も悲しいことで、涙が溢れました。娘を想って泣いているのではなく、純粋に自分の悲しいという感情が溢れていました。驚くべきことに、悲しがっている私には、ながらく忘れていた、「自分を生きている」という感覚がありました。

自分が悲しくて泣くことは、自分の心に従った行動でした。それまで、物語の主人公に感情移入して泣くことや、嬉しさや悔しさで感情が高ぶることはあっても、自分の悲しい気持ちには従っていなかった私です。娘の死は、子どもの頃に封印して以来、初めて悲しくて泣いた出来事かもしれませんでした。

子どものように、えんえんと声をあげて、ただ悲しくて泣き続けました。頭が痛くなるほど、朝から晩まで、一生分の涙を使い果たす勢いで泣きました。泣き続けていると、次第に、死んでしまった娘への怒りや、溜め込んでいた親への恨みつらみ、夫や社会への不満など、平常心なら自分を軽蔑してしまうほど、自分のわがままな思いがどんどん溢れ出しました。

でもそのわがままな思いたちも、実際に私自身なのです。ずっと心の奥に閉じ込めていた私自身が大量の涙と共に止めどなく溢れ出し、ある日ふと気づけば私はとてもスッキリした気持ちになっていました。そしてちゃっかり自分を取り戻していたと思います。涙は浄化のためにあるとは聞いていましたが、本当でした。この心の大掃除ができたのは、我慢できないほどの悲しみを与えてくれた娘のおかげです。

自分の悲しみを我慢して溜め込んでしまうと、宇宙というのはその我慢をやめさせるくらい強力な悲しみを運んでくるのかもしれません。泣きたい時は泣いたほうがいいです。泣くことは悪いことではなく、感情を消化し、心をクリアに浄化してくれる作用です。そして悲しい出来事は、泣く引き金になってくれる愛なのだと思います。

今の私はもしも「泣かないで」と言われたとしても、泣きたい時に泣きます。なぜならそのお願いに従ってしまった後に、その人に復讐してしまう自分になりたくないからです。逆に私の目の前で思い切り泣いてくれる人がいたら、浄化の手伝いができて嬉しいぐらいです。きっと娘は私を泣かせて喜んでいると思います。私の内側に溜まった澱を全部洗い流して、私を幸せにしているからです。

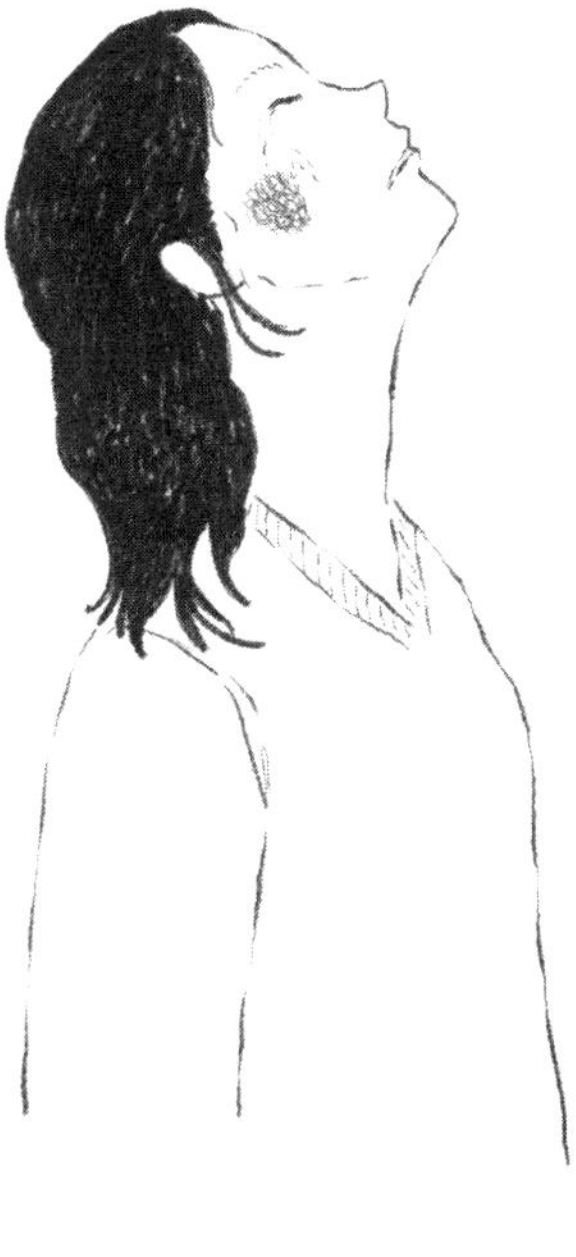

コラム2

催眠療法で亡くなった娘に会った時の話

娘が生きていた頃から、自分を知るために潜在意識に潜るツールとしてヒプノセラピーを利用していた私ですが、娘が亡くなってから、不思議なご縁で導かれるように二種類の催眠療法を受けたことがあります。どちらとも、催眠中のイメージに娘が登場していろいろなことを教えてくれました。ちょっとファンタジーが過ぎるように思われそうですが、その時のことをお話ししたいと思います。

催眠中に出会う娘は未来的なツルツルで白銀に光る全身タイツみたいなスーツに身を包み、人間だった時よりも細長く痩せているのですが、とても健康そうで、楽しそうに仲間と仕事をしているようでした。

私を見つけると、駆け寄って私を抱きしめて、「ママがいつも頑張っていること知ってるよ、よしよし、よくやってるね」っと、頭をぐしゃぐしゃと撫でてくれます。もうどちらが母親なのか、わかりません。

そして娘のいる場所を案内してくれました。娘と再会した場所は白く光っている廊下で、宇宙ステーションの中にいるようでした。部屋に通されると、何人ものスタッフがそれぞれのモニターを覗き込んでいて、壁いっぱいの大きなモニターには地球が映り、いつも地球を監視している宇宙船のようでした。

スタッフはそれぞれ自分の担当しているモニターがあるようで、娘の担当するモニターには私が映っていて、画面の中の私は風に吹かれたホコリのように部屋の隅でクルクルと回って自制できなくなっていました。それを見て娘は、膝を叩きながら大笑いして「ママが苦しんでいる時ってさ、こんな風になって、こっちの声が届かなくなるから、いつも私と繋がっていてね」と言うのです。どうやら、悩んだり苦しんだりしていると、娘から送られているテレパシーのようなメッセージに気づけないらしいのです。そしてその発言に他のスタッフも共感して一緒になって笑っているではありませんか！　少しは心配してくれているのかと思っていたのですが、まさか笑われていたとは衝撃でした。

二度目の時には、あらかじめ話したいことを準備してから会いに行きました。絶対に話したいと思っていたことは、娘が自死前夜に「リセットしたい」と言った時に、私が「勝手にして」と言ったことに対する謝罪と、その頃よく遺族の方から相談されていた、地獄は本当に存在するのかどうかということでした。

まず、私が娘の言うリセットを止めなかったことについて娘は、「いいんだよ、あれで。そうじゃなかったら、死なないし、そしたら今がないでしょ？　それともママは、あの頃の自分のままでいい？　それに肉体がないと一度にたくさんの人を助けられるんだよ!」娘らしい言葉でした。

娘に死なないでほしかった気持ちはいまだにあります。でも、娘の死があったから、私は今こうして真理に辿り着けていて、平和で幸せな人生を送っています。確かにあの頃のままの自分でいるなんて、想像しただけで恐ろしいです。

そして、地獄の有無については「地獄ってね、地球人が考え出したものだから、地球にしかないんだよ。ここに地獄はないし、地獄を体験できるのは、地球にいる時なんだよ」との回答。まったく新しい発想でしたが、妙に納得してしまいました。

確かに、娘のように、自分の本質が肉体でないことを理解しているなら、人間が考え出した地獄など体験する術がないのですよね。肉体に宿っている時にしか、その恐怖は味わえないということです。

それでも、地獄がある！　と主張したい人は、きっと地獄に落ちてほしい人がいる人なのでしょうね。恨みを持ち続けているわけですから、地獄の苦しみでしょうし、死後も執着心で苦しむのかもしれません。その地獄に落ちてほしい人にも、愛してくれる人や愛する人がいるということが見えてくると、地獄は必要なくなるので、死後も穏やかなのかもしれません。

他にもたくさんのことを教えてくれましたが、どれもおもしろくて、この体験をさせてもらえるのも娘の死があったからこそだなと、感謝するばかりです。

Chapter
3

めざめて生きる

〜覚醒編〜

29 神仏に文句を言うとどうなるか

神様仏様に文句を言ってみたことがありますか？　私は娘が亡くなる以前に神仏に向かって文句を言ったことはありません。ご先祖様にも、神社やお寺さんでも、いつも感謝の言葉を述べるようにしていました。そうするものだと教えられたからです。さらに言えば、感謝をしないと天罰があり、文句など言おうものなら地獄に落ちると思っていました。

ところが、ある日突然に娘は亡くなってしまったのです。家族の無事と健康を感謝していたのに、こんな仕打ちはあんまりです。愛する娘が死んでしまった世界は、空気でさえも肌を突き刺す剣のように感じられ、まさに地獄でした。

娘を死なせてしまった申し訳ない気持ちや悲しく寂しい気持ちがある一方で持っていた、神仏や娘に対する怒りを、私は素直に吐き出していきました。

「なぜ世のため人のために頑張って生きてきた私がこんな目にあうの？」「神や仏なんか本当にいるの？　私が捧げた感謝は一体なんだった？」「もう感謝なんかしないで、好き勝手に生きてやる！」「私が一体何をした？　こんな現実、私が可哀想じゃないの!!」

神仏や亡くなった娘に対して、文句を思いつく限り吐き出しました。相手が神様だろうが仏様だろうが、愛する娘だろうが、もうすでに地獄に生きていた私に怖いものはありませんでした。これ以上落ちる場所などない私は無敵でした。

そんな自暴自棄な毎日を送っていたある晩に、夢を見ました。
その日までは、毎日泣いて、目を閉じれば大量の蛇がトグロを巻いているような気持ち悪い映像が見えて、泣き疲れては眠り、朝まで暗黒の世界を味わっていましたが、文句をぶちまけたその日、娘が亡くなってから初めて、娘の夢を見ました。
娘の夢といっても、娘の姿は見えませんでした。娘が壁の影に隠れている設定で、娘が話している言葉が、漫画の吹き出しのように壁の影から文字で見える夢でした。その文字はポップ体で、「ごめんね」。とても軽くて、夢の中で拍子抜けしてしまうほど。でもその笑えるほど軽い感覚に、すべてを許そうと思えました。ただの夢の話なのですが、私にはとてもリアルな体験で、印象的な夢でした。

娘のしたことは、私にとっては悲しく絶望的なことでしたが、この拍子抜けするほど軽い「ごめんね」を受け取ったことで、娘の魂にとってのこの死は、一つのプロセスに過ぎないのかもしれないと思わせてもらいました。それはまったく新しい世界を与えてもらったような感覚でした。

私が神仏や故人に文句を言ったことは、常識的に考えたら悪いことに分類されるかもしれませんが、神仏も故人も実はそんなに器は小さくありませんでした。むしろ自分の思いを正直に出して文句を言ったことで、それに応え、地獄から救い出してくれました。

あの「ごめんね」の夢のあとから、声を聞くことがあったり、娘の匂いを感じるようになったりと、娘と私は肉体の有無を超えて新たな関係を築いて今に至ります。肉体がなくてもいつも一緒にいる感覚で、一緒にいるとわからせてくれるためにサインを送ってくれることも日常茶飯事です。もう一生会えないのだと諦めて泣いて過ごしていたのに、文句を言ってみたら、天罰どころか、次元を超えた世界を与えてくれました。ただ私が望むのを遠慮していただけなのかもしれません。

私はこの体験から、人間のいう「良いこと」をするために、自分の思いを封印することよりも、自分のために自分のしたいことをすることが、神仏や見えない存在のサポートを受けやすいのだと確信しています。実際に常識的な良いことをするより、非常識でも自分らしく生きてきて思うのは、良いことを頑張っていた時より、今のほうがずっと幸せで、見えない存在からのサポートを感じられているということです。

神様も仏様も人間が文句言ったぐらいで怒ったりしません。むしろもっと要望を伝えたほうがいいくらいで、遠慮をするのは逆に失礼なことかもしれません。考えてみれば、文句を言われたぐらいで怒り出すとしたらちっぽけな人です。私ですら、子どもから文句を言われても、怒るどころか、その苛立ちを取り除いてあげたいと思います。神仏に文句を言う経験をさせてもらえたのも娘のおかげです。この経験は、私が遠慮なく私を生きることを可能にしてくれました。

30

自殺をすると地獄に行く？

私の娘は自殺という方法で、たった十五年でこの世を去ったわけなのですが、彼女が死んだ時、周りの人からは、「何十年も生きたくらいの役目を果たしていたね」とか「あの世が忙しくて神様に呼ばれたのね」と言ってもらっていましたし、妄想かもしれませんが娘の元気そうな声のメッセージも受け取っていました。ですから、「自殺をした人間は地獄に行くと言われ、子どもがあの世で苦しんでいないだろうかと心配だ」というご相談を同じ立場の方にされた時は正直びっくりしました。誰がそんな遺族を苦しめるような言葉を言っているのかと。

ただ、よくよく聞いてみると、どうやら、テレビにも出ていた有名な霊能者さんが言われた言葉らしいのですが、それは生きている人に向けた「自殺をしてはいけないよ」という自死抑制のメッセージとして使っているのかなと私には感じられました。その自死遺族の方は、それが自分にとって大切な我が子に向けられたメッセージとして受け取ってしまったのでしょう。

実は同じようなご相談を、アメブロや公式LINEでたくさんいただきます。私はそのたびに自信を持って、地獄などないとお伝えします。もしもあの世で苦しんでいることがあるとすれば、それは地獄にいるからではなく、遺族が嘆き続けている姿を見せつけられることぐらいではないでしょうか。そうでなければ、自分から地獄を妄想しているだけのことです。あの世とは物質のない世界ですから、見えるものがあるとしたら、それは妄想ですよね。

なぜ地獄がないと言い切れるのか、あの世に行ったこともない私が断言する三つの根拠をここに綴っていきたいと思います。そもそもこの世のほとんどの人は、地獄の存在について自分で考えたことすらないと思います。それはもう昔話や絵本の中の話で、私もこのような境遇にならなければ、真剣に考えないどころか、神々のことを自分で検証するなどタブー扱いしていたと思います。

先に申し上げておきますが、私がここに書き記す根拠は、きっと誰もが「言われてみればそうだな」と冷静になってご納得されると思いますが、私は死んだ人を極悪人のように扱ってほしくないので書いています。決して、地獄がないなら、死んじゃおう！　などと安易なことを考えないようにしてくださいね。地獄なんてないのだから、神様に取り入るための良い子なんぞやめて、他人など気にせず自分を幸せにすることに集中して生きたらいいのです。もしも神様がいるのであれば、私たちは神の産物です。私たち自身を幸せにしたら喜んでくれるのが、本当の神様ですよね。

では早速、地獄がない一つ目の根拠ですが、それは、地獄という概念が人間の考え出したものだからです。これを教えてくれたのは、私が受けた催眠療法中に現れた娘です（コラム参照）。「地獄ってね、地球人が考え出したものだから、地球にしかないんだよ。地獄を体験できるのは、地球で生きている時なんだよ」ですと。なるほど〜と思いました。確かに、私たちが地獄を知ったのは、人間が書いた物語や絵の中の空想の世界ですよね。その話をしてくれた時の娘の姿は宇宙人風で、地球人ではない自身にはまったく関係のないことのようでした。その情景が私のファンタジーだったとしても、妙に納得できる解説だと思いました。

この一つ目の根拠で私には十分なのですが、死んだ後にも人間だった記憶があると臨死体験者は言っていますので、その場合はどうなるのかを考えてみましょう。たとえば、人間の意識がまだある時に、地獄というものに遭遇すると仮定しましょう。もしかしたら、自分が地球人だとしか思えない魂もいるかもしれません。でも一体どうやって苦しむのでしょうか。肉体がなければ、苦痛を感じることはできないのです。痛いと感じる脳も神経ももうありません。釜茹でにされる肉体も、八つ裂きにされる肉体もどこにもないのです。もしも唯一痛むとしたら形のない意識でしょうか。罪悪感や後悔を痛みとして感じることはあるかもしれません。これが二つ目の理由です。

私ごとですが、以前スキー場の中級者コースで、初心者らしきスノーボーダーに突撃されて、気を失ったことがあります。周りで見ている人からは大きな事故に見えたくらい、派手にぶつかっているはずなのですが、体に当たった感覚は、柔らかな羽根でふわっと撫でられたようなもので、私は瞬時に意識だけの存在になりました。ちょっとした臨死状態で、なんの痛みもなくその状況を観察している自分がいました。この経験が、肉体がなければ痛みがないという根拠になっています。

そして、三つ目の理由ですが、もしも神様という創造主がいたとして、人間を罰するために地獄というものを創ったのであれば、その設定がそもそも神に対する冒瀆だと思うのです。まるで器の小さな人間です。私は人間ですが、子どもがやらかしたことをすべて許せます。普通の親なら、愛する子に対して地獄のような罰を与えません。子どもの失敗を恐ろしいほどの苦痛を与えて罰するなど虐待です。創造主はいわば私たち人間を創った親です。神が人間の親なら人間のすべてを許すはずです。

そもそも人間のすることを許容もできない器の小さな神など、信仰する価値があるのでしょうか。ショーペンハウエル著『自殺について』(岩波文庫)によれば、旧約聖書にも新約聖書にも、もともと自殺を禁じ否認する文言はなく、むしろ自殺をする仲間を容認しているそうです。人間が人間の都合で戒めを付け加えているのです。なぜなら、困るのは残される側の人間だからです。また、一部の宗教において自殺が禁忌とされたのは、生活苦から殉教の名目で自殺する人が増え、自殺者増加に伴う支配者側の収入減対策だったという話もあるようです。世界には安楽死を政府が許す国もありますし、日本も自害することを誉とした時代がありました。自死を直接地獄に結びつけるのは、愛とはかけ離れた安易な判断だと思います。

死後の世界が一つなら、国や時代の違いで、自殺をした人が地獄に行ったり行かなかったりでは不公平ですし、もしも死後の世界が宗教ごとに複数あるのなら、地獄のない宗教を信仰すればいいことになります。そもそも宗教は人間が創れるものですから、経典も自由に作ってしまうこともできますよね。

地獄がない理由を真面目に解説したつもりですが、いかがでしょうか。不安や恐怖で心がいっぱいになると悪いほうへ悪いほうへと思考が膨らんでしまいます。でも故人が精一杯この世を生き切ったのであれば、私たちが心配することではありません。冷静に考えたら、地獄という概念自体がおかしなものだと気づけるはずです。それに地獄にいるかもしれないと愛した人たちに思われたら、故人は残念な気持ちになると思います。まあ、地獄に落としてやりたい人なら、思う存分想像してやればいいと思いますが、自分が信じていることは自分が受け取りますからほどほどに。

私は娘が地獄に行くなんて、考えてもみませんでしたし、今も想像すらできません。実際地獄で苦しんでいたのなら、私に、これらの愛ある気づきの数々をもたらせるでしょうか。

どちらにせよ、人を恐怖で苦しめるような教えは神の教えではありませんよね。悪魔の教えなど気にする必要はないと思います。ただし、地獄がなかったとしても、あの世の故人が苦しむことはあると私は思います。それは、生前愛した人たちが自分の死によって苦しんでいる姿です。きっとそれは地獄のような苦しみなのだと思います。でもその地獄を味わわせるかどうかは、生きている私たちが決めることができるのです。悲しくても幸せになることはできます。それは悲しみを我慢することではなく、悲しい理由は、愛を十分にもらっていたからだと気づき、感謝することです。その時、故人は天国の気分を味わうでしょうね。

31 あの世の存在にしてあげられること

大切な人を亡くすということは、筆舌に尽くし難いほど悲しく、生きる気力が奪われる、とてもショックな出来事であることは間違いありません。ですから、「どうして死んでしまったの?」とショック状態のまま余生を過ごすことも、その人が望むなら許してあげたいと思うこともあります。ただ、そんなショック状態のままでいることを、あの世の存在が見たらどう思うだろう。私はその点が気になってしまいます。

もちろん大切な人を亡くして日の浅い頃は、故人の気持ちを考える余裕もないかもしれません。葬儀屋さんやお坊さんに促されるまま、作法を覚えて、形だけの供養をするのが精一杯かもしれません。その段階の方がもしもお読みくださっているのでしたら、思いっきり泣いて、思いを吐き出してしまうことに専念されることをお勧めします。その時間も、人間として一回り大き

めざめて生きる
～覚醒編～

く成長するための大切なギフトだったと、実際に経験した私は今心から感謝しています。そして、もし故人の気持ちを冷静に考える余裕ができたら、この先を読んでほしいと思います。

大切な人を亡くしたら、その後はどうしたらいいのでしょうか。お釈迦様は、子を亡くして嘆く母親に「これからどうやって生きていったらいいでしょう」と聞かれた時に、「これからも愛情を注いでください」とおっしゃったそうです。親でもパートナーでも友人でも、生きていても亡くなっていても、一番喜ぶことだと思います。

では具体的にそれはどんな愛情表現をすればよいのでしょうか。何を一番喜んでくれるでしょう。心から人を喜ばせるものとは一体何でしょうか。

たとえば、成仏できるかを心配されてたくさんのお布施と豪華な法事をしてもらうと元気が出るでしょうか。それとも、家族が自責して苦しんでいると嬉しいでしょうか。または、家族が罪悪感に苛まれ、幸せを拒んでくれたら密かに喜ぶのでしょうか。もしくは、犯人探しをして憎悪にまみれていてほしいでしょうか。
私なら、そんなこと望みません。そんな人間だと思われたくないですよね。豪華な法事をあげて家族が満足するならご自由にどうぞとは思いますが、成仏できるか心配されて賄賂のようにお供えされているとしたら心外です。それに、苦しませるために死ぬなんて、ただの暴力ですし、幸せを拒んでほしいなんて呪いです。そんな風に自分が思われているとしたら、地獄が存在しなくても、地獄を味わいます。あの世が地獄になるかどうかは、この世にいる私たちにかかっているのだと思います。

では本当に喜ばしいこととは何でしょう。私なら、家族に幸せそうに笑っていてほしいと思います。豪華な法事もいらないし、後悔も同情も罪悪感もいりません。私がどんな死に方をしても、私らしいなと笑ってもらえたら嬉しいです。苦しそうにしていたり、不幸そうにしていたら罪悪感を感じますから、元気で笑っていてくれたら、それだけで十分嬉しいと思います。そして家族が自分に心配をかけまいと頑張ってくれている優しさに、心から感謝すると思います。もしも愛してくれていたのなら、そうしてほしい。

そして、病気でも、事故でも、自殺でも、老衰でも、すべて自分を生きたから起こったことなのだと尊重してもらえたら嬉しいです。あの世でも自分らしくいると信じて心配しないでいてくれるのが、家族や仲間の信頼を感じられ、自分を誇らしく思えると思います。ですから、私が幸せそうに笑っている姿は、娘を最大限に尊重し、彼女を信頼している証なのです。

そもそも愛する人の幸せそうな姿は見ているだけで幸せな気分になります。実際、お金も時間も必要なく、モノも知識も不要で、食べたり運動したりすることもなくなった存在に与えられるものといったら、エネルギーくらいしかありません。そして幸せのエネルギーを出すためには、自分が幸せである必要があるのです。

さらに、生きていた頃にしてあげていたこと、してあげたかったことができなくなったと嘆くのではなく、なぜそれがしてあげたいことだったのか思い出してみるといいと思います。優しくしたこと、世話を焼いたこと、勉強させたこと、健康を願ったこと、美味しいものを食べさせたこと、やりたいことをやらせてあげたこと……それらはすべて、自分がされたら嬉しいからやっていたことです。自分がされたら嬉しいからこそ、愛する人に提供したいと思いついたことなのです。

もう世話を焼いてあげられないわけではないのです。今度は自分の番ですよと譲ってくれたのではないでしょうか。

してあげる対象がなくなったと途方に暮れる必要はないのです。一番してあげなくてはいけない人物は自分であり、それを実行したら幸せになることができ、自分が幸せになれば、それを故人に喜んでもらうことができるのです。

そうやって、自分を幸せにできる自分を手に入れたのが、故人のおかげだと気づき感謝ができたら、あの世の存在は、自分の人生の仕舞い方にも達成感を得られるのではないでしょうか。それってとても幸せなことだと思うのです。

あの世の存在にしてあげられることは、残された人が、自分で自分を幸せにできるようになり、実際に幸せに生きている姿を見せることです。あの世の存在を思えば思うほど、私たちは自分たちを幸せにするしかなくなります。それが唯一、あの世の存在を幸せにする方法だからです。そしてそれが彼らの愛の表現方法なのだと思います。命をかけた、愛なのです。

32

死んだ人に会う方法

私が娘の死後に書き始めたアメーバブログで、ずっと読み続けられている記事があります。「死んだ人に会う方法」という記事です。アメーバユーザーだけでなく、検索サイトなどから見にいらっしゃる方もいるようで、死んだ人に、みなさん会いたいのですよね。

めざめて生きる
〜覚醒編〜

「死んだ人に会う方法」という記事を書いたのは、まだ娘が亡くなってから数カ月の頃でした。その数カ月の間に娘の声を聞いたり、娘が夢に出てきたりした時の、まだ少ない事例の中で共通する状況から、仮説を立てた記事です。その仮説とは、見えない存在とのコンタクトには、脳の松果体と、幸せホルモンといわれる「セロトニン」がかかわっているのではないかというものです。今回は、その仮説を導き出した体験と、そこから始まった私の探求によって得た、現在の見解を書いていきたいと思います。霊能者でも科学者でもない素人のお遊びのような仮説ですが、あながち全否定できない部分もあると思うので、おもしろがって読んでいただけたらと思います。

娘が死んでしまった直後の私は、幽霊でもいいから会いたいと、心のどこかで思っていました。毎日諦めずに夢でもいいから会いたいと願い続け、諦めかけたある日、ついに娘の夢を見ました。とは言っても、娘の姿ではなく、文字でした。漫画の吹き出しのように、私の目の前に吹き出し窓が現れ、そこには「ごめんね」と丸っこいポップ体で書かれていました。続けて「頑張って！」の文字も。わたしの落ち込み様とはまったく次元の違う軽さを感じるメッセージでした。

夢を見た日から、不思議な体験が続きました。まだ小学一年生だった三女が私の布団に潜り込んできた夜に、その顔が長女の顔にしか見えなくなって抱きしめることができたり、三女が寝言で長女が小さい頃に使っていた一人称を連呼したり（三女は知らないはずの一人称です）……まるで、私に会いに来てくれていることをアピールしているかのようでした。

人様からみたら、気が狂っていると一言で済まされることかもしれませんが、何度かこのような奇跡のようなことが続いたことで、娘とコンタクトを取れる時の自分の状態に共通点があるのではないかと興味が湧いたのです。その時に共通していたのは、夜や朝方の静かな場所で、呼吸が落ち着いていて、頭が働かない状態の、ほっとしている時でした。一言で言えばリラックスしている時と言えると思います。

リラックスって、自分に何かを頑張らせたり、我慢させているとできません。息をしているだけでいいという状態を自分に許せる状態のことです。別の言い方をすれば、自分への愛を発揮していないと、できないことです。そしてそんなリラックス状態の時に分泌されているのは、幸せホルモンと呼ばれる「セロトニン」なのだそうです。そのセロトニンを材料として「メラトニン」を分泌する器官は、脳にある松果体という部分です。

私は胎教指導や産後訪問などをしていたので、脳科学も少しかじったことがあるのですが、松果体は脳にある第三の目とも言われる、光を感知する器

官であり、眠りを司るメラトニンなどのホルモンを分泌するところでもあります。その知識がふいに思い出されて、メラトニンを分泌することで、松果体が活性化し、光の存在になった娘を察知できるのかもしれないという思いに至ったのです。そして、リラックスしていれば、娘に会えるのかもしれない！　見えない存在という光のエネルギーを察知するのかもしれない！　そんな仮説が生まれたのです。

ちょうど引きこもりも決め込んだ時期でしたから、生活はリラックスし放題でした。お風呂やトイレに入っている時、料理中やお散歩中、映画を見たり、ブログを書いている時など、娘の声が聞こえたり、娘のメッセージがあらゆるところに現れました。自分では気づけなかったことや思ってもみなかった情報がもたらされ、私はどんどん見えない存在がいる世界に確信を持っていくと同時に、自分の仮説が実証されていると思いました。

しかし、そんな引きこもり生活を送っていても、たまに娘が近くに感じられない時もありました。その時に共通することは、ただ一つ！　自分自身を責めているということでした。泣いたり怒ったりしても、娘の声は私に届きましたが、「私はダメな母親だ」とか「感情を抑えられない……」とか「あれもやらなきゃ！」などと、自分に厳しくなっている時や、自分を裁いている時は、届きませんでした。

感情の種類でネガティブだからダメだとか、そのようなことではないようなのです。たとえネガティブ状態だったとしても、泣きたい時に泣き、怒りたいことはちゃんと怒ってスッキリして、いかに早くリラックス状態になるかが鍵のようなのです。泣きたいのにいつまでも泣く自分を許さなかったり、怒りたいのに我慢して、怒りたくなった自分を責めていると、光の存在を感知できなくなるようなのです。なぜならリラックスできていないからです。

このことがわかってきた時、私は大いなる愛に気づかされました。光となった存在に会いたければ、自分自身のすべてを許し、自分を愛さなければならないということです。娘が私に「会いたかったら自分自身を幸せにしてね」と教えてくれているようでした。私は人のために自分を我慢してしまうほうが楽だと思っていましたから、私が自分を優先的に幸せにする方法があるとしたら、娘に会えるというご褒美が必要だったのです。そして娘が亡くなることで、その機会を与えてくれたのだと思いました。

そしてもう一つ重要なことを発見しました。この宇宙は似たエネルギー同士が引き合う力が働いています。すべての物質は同じエネルギーを帯びた素粒子の集まりです。ということは、私が自分を愛している時に、娘に会えるということは、娘も私を愛しているということ。そして逆に、私が自分を否定している時に会えないのは、娘が私を否定せず無償の愛を注いでくれているからこそ波長が合わないということなのです。

もしも愛する亡き人に会いたいのなら、自分を幸せにして、愛することです。それしか方法がないと私は思います。なぜなら、死んだあの人は愛を送り続けているからです。もし愛されていないなら、自分自身を愛さない時に、すでに会えているはずですよね。自分自身を責めている時に会いたい存在に会えないなら、相手は責めていないということです。

ちなみに、メラトニンの元となるセロトニンの合成には、大豆や乳製品で摂取できる必須アミノ酸「トリプトファン」と腸内細菌がつくる酵素「ビタミンB6」が必要なのだそうです。幸せに生きると決めたら、納豆やヨーグルトを食べると良さそうですね。

33

幸せであろうと決めたわけ

自死遺族になる前の私は、我が子を自殺で亡くした母親は一生苦しんで絶望の底で生きていくのだろうとドラマや新聞などで見かけるたびに思っていました。その母親に自分がまさかなるなんて思いもせずに。ですから、実際に娘が亡くなって絶望の底に突き落とされた時、私はそこから抜け出すことは一生不可能なことで、暗闇のなかで死ぬまで死んだように生きるのだと半ば覚悟しました。それを当然のことのように思い込んでいたからです。

しかし今の私は意識的に、絶対に幸せであろうと決めています。そして実際幸せに生きています。自死遺族こそ、幸せに生きなくてはいけないのだと気づいてしまったからです。もしも故人を愛しているなら、不幸になってはいけないのです。

私は、自死遺族になり引きこもって以来、「○○しなくてはいけない」とか「○○すべき」というような考え方を一切拒否して生きていましたが、「自死遺族だからこそ幸せに生きるべきだ」という考えだけは例外です。なぜ、自死遺族である私は意識して幸せにならなくてはならないのだと思いますか？

それは、もしも私が不幸でいたとしたら、きっと周りの人は過去の私のように「我が子に先立たれたら一生不幸なのは当然よね。可哀想な人だ」などと思う可能性があるからです。私は被害者で、私を不幸にした原因は娘の死と言われるようなもの。私が不幸でいるばかりに娘が見知らぬ誰かから悪者扱いされるなど、私は許せません。娘は何も悪くないのです。

そんな最悪なシナリオの存在に気づいた時、私は、自分の意思で自分を幸せにしようと決意しました。「娘のせいで不幸だなんて、誰にも言わせない！私は幸せであろう！」そう思った時、これが娘の仕組んだことのように思えました。私が幸せでさえいたら、誰も娘の死を悪として扱わないはずです。娘は、私が娘のことを悪者にしないように奮起することをきっとわかっていたのかもしれないと思いました。

「もしも私を守りたかったら、幸せに生きてね」そんなメッセージに思えました。それまでの私は子どもの幸せが一番で、自分以外の人がその次で、最後に自分でした。自分を犠牲にするのが喜びのようにも感じていたかもしれません。それをやめさせようとしてくれているのだと思えました。私は娘のためにだったら、自分を幸せにできるからです。

そして娘のためという大義名分を得た私は、自分の幸せを貪欲に追求しました。幸せを求め始めてみると、幸せはいくらでも自分で感じることができるものだということを知りました。何かを達成したり、何かを手に入れたりしなくても、はやい話が今すぐここで「幸せだな〜」と思ってしまえばよかったのです。

たとえば、私は引きこもっていたある日、おにぎりを一人で作って食べました。食事をあまり摂らなかったせいか、海苔の香りや米粒一つ一つが感動的なまでに美味しく、そのありがたさに涙が溢れました。おにぎり一個で涙するなど思ってもみませんでしたが、こんなに美味しいものを私は毎日食べていたのかと、心からありがたく感じました。

幸せは自分一人で完結するのです。どんなことにでも幸せな理由を見つけて、幸せだと思ってしまえばいいので、とても簡単でした。外側にある、手に入れていないものを追いかけて、今目の前にある幸せにまったく気づけていなかった私に、娘が命をかけて教えてくれているのだと思いました。幸せの感じ方、幸せになる方法、幸せになっていいという許可、すべて娘が与えてくれたものです。

そして、もう一つ、自死遺族である私が幸せであることにこだわっている理由があります。それは、自殺という行為が、復讐にならないことを証明し、暴力的な自死をなくすためです。

私はある時、年齢も性別もわからない方から、「死にたい」と一言だけのメッセージをもらいました。私が自死遺族であると知って「死にたい」と言ってくるということは、止めてもらいたいのだと想像はつきます。実際止めてくれる自死遺族の方はたくさんいらっしゃるでしょう。私たち自死遺族は、自分が止められなかったせいで、人が死ぬ可能性があることを十分に思い知っている人間だからです。でも私はあえて「そうなんだ、それで?」と自分の本心を返信しました。そもそも私は自死した娘を悪いことをしたとは思っていませんしね。

すると即座に「親身さがなってない!」とお叱りのご返信。続けて、「娘を自殺させた母親のくせに! 反省が足りない」と言われてしまいました。娘を自殺させた母親は、死にたいと言ってくる人を必死で止めると期待していたのでしょう。心配してほしかったのだと思います。

でもこのやりとりで、この方が、自分がもしも死んだら母親が反省してくれると期待しているということがわかってしまいました。母親を悲しませたくないと思っていたり、母親が悲しむことを想像できていなかったら、これらの言葉は出てこないはずだからです。自分が死んだ後に母親が反省して自責して苦しんでいなかったらけしからんというわけです。要するにこの方は母親を苦しめたくて死のうとしていた可能性があるということなのです。復讐ですね。それを指摘したら、速攻ブロックされてしまいましたので、図星だったのでしょう。

このことで、私はさらに、幸せに生きていくことを心に誓いました。私のように自死した娘のことを、深い教えを授けてくれると尊び、娘のためにも幸せになろうとしている親がいる事実は、母親を苦しめようと自殺をしても、憎い母親への復讐が失敗することがあるという証明になるからです。そんな無意味なことで自殺をしたらそれこそ後悔で地獄を味わうでしょう。もう文句すら言えなくなってしまうのですからね。

もしも母親のせいで、自分が不幸だと思うのならば、それは自分がすでに母親を超越し、母親よりも優れた存在だから、母親に不足を感じてしまうだけなのです。自立の時が来ただけなのに、甘え続けようとするから、それが叶わなくて恨んでしまうのだと思います。

自死に限らず、遺族になったら、遺族だからこそ、幸せに生きるのです。それはあの世の存在に喜ばれる供養となることはもちろん、この世の役目を終えていない仲間たちが命を無駄にしないためにも、遺族に託された大切な役割なのだと思います。

34

「自分だけ幸せになっていいのか?」と思うなら

あの世の娘のためにも、私自身が幸せになることが大事だということを理解した私でしたが、それを実践することは、結構な勇気が必要でした。なぜなら、頭の中に、「自分だけ幸せになってもいいの?」という声が聞こえてきたからです。その声はあたかも、思いやりのある行動を促すように聞こえてくるのでタチが悪いのです。自分が幸せになることが、自分のことしか考えていない思いやりのない自分勝手な行動だとでも言われているようで、とても罪悪感を抱かさせるのです。

でも本当にそうなのだろうか？　私はその問題に向き合ってみました。そもそも私の娘は不幸なのでしょうか？　また自分の周りにいる他の人は不幸なのでしょうか？　私が幸せになったら困る人がいるのでしょうか？　私は自分が幸せになってはいけないと思っている理由を自分の内側に探しました。

どうやら私はこんなことを考え、感じているようでした。

①娘がこの世をもう楽しめないのに、私ばかりがこの世の幸せを体験しては申し訳ないという遠慮の気持ち。

②自死遺族なのに幸せに生きていたら、おかしいと思われてしまうかもしれないという、遺族は不幸という偏見と、他人の目を恐れる気持ち。

③苦しんでいる同じ立場の自死遺族の人たちに、非常識だと軽蔑されたり、非難されるかもしれないという恐れ。

どれも、自分の思い込みで、事実ではありません。でもなぜこんな思い込みができてしまうかといったら、実際に自分にも人の幸せを純粋に喜べない気持ちを経験した記憶があったからです。

自分ができないことを楽しんでいる人が羨ましくて、自分より努力も苦労もしていないように見えるのに幸せそうな人が許せなくて、自分より先に行く人を引き摺り下ろしたいと思ったことがあるからです。自分も思うのだから人も思うはずだという前提で、自分が思われないように、自分の幸せを遠慮しようとしている気持ちがあったのです。

私はとても恥ずかしい自分を見つけてしまいました。しかも、他人が皆過去の自分と同じレベルの人間だと見下していたわけです。猛省したのは言うまでもありませんが、この気づきのおかげで、私は第一に自分を幸せにすることの重要性を深く胸に刻みました。自分を幸せにしないということは、人様を信頼せず見下しているのと同じことだと知ったからです。

そもそもあの世の娘は、私が幸せでいたら喜ぶような愛情溢れる子ですし、私が幸せになることで、娘の死は尊い教えを含んでいたという証明にもなるのです。自分の過去の亡霊に怯んでいる場合ではありません。娘は私を通して現実を楽しむことができるでしょうから一緒に楽しめばいいですし、私の生き方は世の中に新しい価値観を提供することにもなりますし、同じ立場の人が幸せになる道標となることもできます。良いことしかありません。

また、①〜③のような現実が起こったとしても、心配する必要はありません。

もしも娘があの世から私の幸せを羨むようなことがあったとしたら、それは、自分を反省する良い機会になるでしょう。その反省の機会を与えることができたのなら、それも愛だと思います。死ぬことが良い悪いという問題ではなく、もっと他の可能性にも気づくなら、魂は死なないのですから、また次の人生の課題にすればよいのです。

そして、自分と同じ境遇になったことがない人に理解されないことは、仕方のないことです。過去の私が、自死遺族に理解がなかったのと同様、知らない人は勝手なことを言うものです。でもそれは無知ゆえ。自分が知っていることをその人は知らないだけなのです。その人もいずれは体験するか、理解するので、その人が必要以上に苦しまないようにしてあげるためにも、先に経験している人が幸せになってあげることは、愛の行いです。この世は愛でできているので、無知なところには知恵が注がれるようになっています。だから私も自死遺族を経験させてもらえたのだと思っています。

たとえば、人は得意なことで絶望を経験することがあります。スポーツ選手が大怪我をしたり、医者が大病を患ったり、歌手が声を失ったり……。でもそれらは、自分の得意分野とは真逆にある知恵を得るチャンスでもあります。対極を知ったからこそ、与えられたチャンスです。それはのちにその人の得意分野をさらに拡大してくれる知恵です。たとえば、怪我をしたスポーツ選手は、がむしゃらに動くだけでなく、体のメンテナンス方法をより深く勉強するでしょうし、大病を患った医師は、患者の心のケアにも注力するようになるでしょうし、声をなくした歌手は、自分のプロデュース力に全力を注げたりするわけです。

頑張り屋だった私が引きこもりになった時、引きこもりの生活の中にある豊かさに気づけました。頑張るだけでなく、緩めることによって、より多くの豊かさを得られるようになりました。何が言いたいかというと、人が理解できないようなことを体験できているということは、たとえそれが一般的に不幸と言われることであったとしても、より多くの経験、より最先端の経験をしているということなのです。

では、同じ立場の人から幸せになろうとすることを批判されたら、どう対処したらよいでしょうか。実は批判をする人はまだ自分を信頼できていない人です。自分を信頼し、自分らしく生きることを自分に許可していたら、自分の生き方を貫くだけで、他人は放っておけばよく、批判する必要がありません。他人の影響で自分が不幸になることなどないことがわかっているからです。

逆に自分を信頼できていないと、自分の考えと違う生き方をする人を批判しないと自分の立場が脅かされると思って不安になります。自分が自分らしく生きることを自分に許していないから、自分らしく生きる人を批判してしまうだけなのです。ですから自分の生きる道を見つけた人は、批判など気にせず、自分の道を堂々と生きていけばいいのです。そして、自分をまず幸せにしようと生きても、何も悪いことなど起こらないことを、自分に自信がない人に見せてあげるのが、愛なのではないかなと思います。

そして最後に、忘れてはいけない大事なことだと思うのが、過去の恥ずかしい自分のことも、完全に許してあげるということです。私は過去の自分を未熟だったとは思いますが、それは成長過程で誰もが通るものぐらいに思っています。ですから過去の自分と同じような人を見かけても、「あなたも気づくといいね」と懐かしい自分を見るかのごとく、優しい気持ちしか起きません。たとえ過去の自分であっても批判している時は、今の自分に自信がないだけなのだと思っているので、そんな時は自分を見つめ直すだけなのです。

「自分だけ幸せになっていいのか？」そう思ったら、「みんなのために、自分をまずは幸せにしてあげよう！」そう思って生きてきました。自分を幸せにすることができない人が、どうやったら幸せになるのかをシェアすることはできません。自分を幸せにしていない人が、人を幸せにすることはできないのです。まず自分を幸せにした時、あの世の存在も喜んでいてくれることを知ることができた私は幸せです。娘のおかげです。ご先祖様や、私たちを生み出した神様も、私たち一人一人が、自分を大切にした時、とても喜んでくれると思います。あなたもぜひ堂々とご自身をご自身で幸せにしてください。それは、すべてを愛するための重要なはじめの一歩です。

35

もしも「死にたくなったら死んでもよい」という世界だったら

初めに書いたとおり、亡くなったはずの娘の声で「死んじゃダメってさ、残された側の都合だよね」というセリフを聞いてしまった私は、自殺を一方的に悪いことだと決めつける考え方に疑問を持ちました。
確かに自殺は、残す人たちに悲しみや苦しみの時間を与えます。しかし、では残される側は、逝ってしまう人を悲しませたり、苦しませたりしていなかったのでしょうか。悲しかったり苦しかったりしない人間が死ぬのでしょうか。

私の場合で言えば、死のうとしていた娘に気づけませんでしたし、テストの失敗を気にしてしまうような思考回路も、娘の性格形成にも、私の育て方が影響しているでしょう。でもその私に影響を与えた社会や家庭があるのも事実であり、そんな環境を作っている世界があるのです。責任転嫁をしたいのではありません。ただ、そこには背景があることを私たちは認識している必要があると思うのです。

死にたくなってしまうということは、自殺以前に、もうすでに苦しむ原因があったのです。国や宗教や社会が、「自殺はダメ」と言い放つのは簡単です。でもその国や宗教や社会あるいは家庭は、自殺など考える隙がないほど、楽しくてワクワクする環境やサポートを提供していたでしょうか。もしくは提供するために努力していたでしょうか。死にたくなる現実がなければ、自殺は起こりません。

私は自分の家庭は幸せだと思い込んでいましたが、実はここまで書いてきた通り、幸せを演じることに精一杯で、ほとほと疲れ切って、娘の異変に気づくことができませんでした。他人のせいにするつもりは毛頭ありませんが、私が疲れ切るほど、世間で言われる幸せに執着したのは、常識や社会からの情報に翻弄されていたからだと思います。

私たち人間は、地獄に落ちるとか、親が悲しむとか、神様に逆らうことだ等と脅して、「自殺はダメ」という言葉を使うことで、あたかも死ぬ人が悪さをしているだけのように表現します。でも実は、自分たちが幸せな現実を作ることを怠っていたことから目を背け、自分の行いを正当化しようとしているとも考えられないでしょうか。

もしも「死にたくなったら死んでもよい」という法律があったなら、国は税金を確保するために、会社は労働力を確保するために、学校では教育を維持するために、家庭では大事な愛する人を失わないために、それぞれがもっと必死に真剣にお互いを知ろうとし、思いやりを発揮し、愛を出し惜しみすることなく表現するのではないでしょうか。

裏を返せば「死んではいけない」という決まりは、苦しんでいる人を救わなくても、困っている人を助けなくても、愛を伝えなくても、死なないはずだから大丈夫という怠慢を生むのです。

本当は「死んではいけない」ではなく「どうか死なないでください」というところなのではないかと思います。そもそも自殺は現実から脱出する手段です。もうすでに脱出したくなってしまっているのは、その現実に生きる魅力を感じないということです。もちろんそれを生き残る側の人が認めることは、自分たちを侮辱されたような否定されたような気持ちになるので難しいことです。「楽しみを見つけない怠慢だ」と怒る人もいるかもしれません。それでも死んでほしくないなら、それは残される側の都合なわけですから、自分のためにも人が死にたくならない環境を作ることこそ、お互いのために愛を尽くすことになるのではないでしょうか。

「自殺は罪」というのは、愛の世界を諦めている人の言い訳に聞こえます。自分たちで幸せな世界が作れない、もしくは作らないと言っているかのようです。そして脅さないと人が死んでしまうような世界だと実はわかっているのに、その対応を怠り、そもそも対策をとろうとしない自分を正当化するために、自殺を抑制する目的で罪の烙印を押しているのだとしたら、とても悲しい世界です。

私も娘に見捨てられたような全否定されたような気持ちになった瞬間があり、とても苦しみました。でも今は、自分の子育てを振り返るチャンスをいただいたと思っていますし、反省すべき点を改善でき、本当に穏やかで幸せな人生に変わりました。そして娘の自死に関しても、娘が現実よりもあの世から私をサポートすることを選んだ結果なのだと思っています。

自殺を抑制するために、罪悪感を抱かせたり、脅したりするのでは根本的な問題は何も解消していません。表向きは命を助けるつもりなのかもしれませんが、現状は自殺者に被害者や悪者のレッテルを貼るだけで、遺族も傷つけ、まったく助けになっていません。

それどころか辛い現実から逃げずに無理や我慢をしても頑張って生きている自分が偉いのだと誤解して、自分すら追い込み、自分で自分を幸せにできる人がどんどん減っていきます。そして自殺が増えていくという悪循環です。

もちろん現状では、娘のために「自殺はダメ」とは言わない私も、今誰かに「死にたい」と相談されたら止めます。でもそれは、死ぬことが悪いからでも、その方のご親族を悲しませるからでもありません。そもそも他人に相談する時点で止めてもらうことが目的だと思いますし、私が自殺幇助罪に問われたくないからです。

とても事務的で利己的な理由です。でもそれでいいと思っています。なぜなら私が幸せなら私の責任は果たしていますし、私が幸せなら少なくとも家族のことは幸せにしているからです。そして偽善を働いて善悪のジャッジをすることは、結局誰かを傷つけ死にたい気分にさせることを知っているからです。

そもそも、死にたくなってしまうほどのすべての悩みは、元を辿れば、死を不安に思っていて、死から逃れるために起こります。

私はもともと自らの臨死体験や前世を知る娘に恵まれていましたから、そもそも生に対する執着もあまりないのですが、娘が亡くなったことで、あの世での再会が待ち遠しくて、死ぬことすら楽しみの一つになりました。

死んでもいいと思えると、病気も貧乏も孤独もまったく怖くありません。すると不思議と、お金、人間関係（親子・嫁姑・夫婦・友人など）、容姿、健康などのあらゆる悩みがなくなります。きっと、病気や貧乏や孤独にならないための我慢や無理をしているから、お金や人間関係、容姿などの悩みが出てくるのです。

貧乏でもいいと思っていると、お金のために働きませんし、孤独になってもよければ、人間関係も必要以上に気を遣うことはありません。人間のすべての悩みは、生に対する執着が原因なのです。死を受け入れると悩みがなくなります。

たとえば、今の私は、洋服を選ぶ時など、やはりダイエットしなければ……などと思うこともありますが、だからと言って、コロナで太ってしまった自分を責めてしまうことはなく、死にたいほど苦しくなることももちろんありません。太ってきた自分に似合う服を探したり、運動したりする楽しみが増えるだけです。死ぬことを恐れない人生は生きることを楽しくしてくれます。

しかも実際に愛する人の自死を経験した私は、それらの悲しみや苦しみが、より深い真実を知るきっかけをくれたと思っています。

この本にも書いてきた通り、深く愛し合っていたからこそ、悲しい気持ちになりますし、支えてくれていたからこそ、寂しく不安になるのですし、自分自身が死や自死に対する偏見を持っていたから、人の目を恐れてしまい、自責をして苦しむことになっただけです。すでにもらっていた愛に感謝し、死や自死に対して偏見をやめるなどの自分自身に変化を起こすなら、死は悪いことであるどころか、学びや進化や成長というポジティブな変化へ導くきっかけになっているだけなのです。

でもこれは本当に愛していた人が死んだ人の中でも、愛する人の死を尊びたい人という一部の人だけの考えなのかもしれません。言い方は悪いですが、死んだ人を自分の所有物のように思っていた人や、自分に都合よく利用していた人にとっては、死は不足を生むものだからです。愛することは肉体がなくてもできるのに、肉体がないことに執着しているなら、それは物欲・所有欲で、愛ではないと私は思っています。

たとえば、大昔から多くの哲学者たちが自殺について議論をしてきましたが、古代ギリシャの哲学者アリストテレスは「自殺はその人自身にとって不正でなくても、国家に対して不正なり」と言いました。国にとって自殺が不利益という概念が存在していたということは、要するに税収が減るために自殺を罪としていたということです。

中世ヨーロッパでも、美徳とされた殉教の名の下に多くの自殺者が出て、労働力や税金の減少につながる大きな問題となり、教会では自死が罪になる戒律が追加されたのだそうです。安易な無駄死にを抑制することが前提でしょうが、罪を犯した自殺者は財産を没収され、遺族への差別は公然と行われていたと聞くと、人の命のためというよりは、自分たちの利益のための戒律なのかと思ってしまいます。

これらは昔の話ですが、現在でも根強く偏見は残っていると思います。私も実際に自殺への偏見がありましたし、今も偏見があると思うからこそ、次女や三女で繋がっているママ友には長女の自死を伝えていません。でもこのことに気づいた人から、自分自身を大切に幸せにして、一人でも多くの人が自分を幸せにするような流れを作り、社会を幸せな人で溢れさせていけたらいいなと思っています。

幸せな人は誰かを傷つけたりしません。幸せな人が増えれば、傷つく人が減り、感謝と愛を溢れさせる人が増えれば、死にたくなることなどなくなります。もしもそれでも死ぬ人がいるとしたら、それはもう人智を超えた何かに動かされたということ。神様に決められていたということになるのではないでしょうか。そうだとしたら、人間ごときが「自殺は罪」などと言うことは神への冒瀆です。ですから自殺を善悪でジャッジしている暇があったら、まずは自分たち一人一人を幸せにすることに没頭したらよいと思います。「自殺が罪」だと言わなくてはいけないような社会であることは恥ずかしいことだと思います。

36

大好きな人が自殺をしてしまったら

愛する人が、自ら命を絶つ選択をしてしまった時、残された人はどうしたらよいのでしょうか。家族でなく、友人、恋人、好きな人や芸能人だったとしても、ショックで生きる気力を失うと思います。私も娘が死んだ時、身を裂かれるような痛みとともに、色のない世界で、かろうじて呼吸をするだけの生き物になっていました。

そして現実に引き戻されると、「私も死にたい」と思ってしまう方もいらっしゃると思います。私も思いました。自分に何かできたのではないかと自分を責め、時には、必要とされていなかったのかと虚しさだけでなく、怒りすら感じましたし、ネガティブ感情のオンパレードでした。

でも娘が死んで四年経ち、私が声を大にして言いたいことは、自ら死を選んだ人たちは、「人を不幸にしたいから死んだのでしょうか?」ということ。愛し合った人、大好きだった人、ファンだった人を、苦しめたいと思って死んだのでしょうか。一緒に死んでほしいから死んだのでしょうか。

そんな人でしたか? 愛する人はそんな人じゃなかったはずです。だから愛される人だった。もっと生きてくれたら良かったと私も思います。でもそれは残された人の気持ちなのです。言ってしまえば、残された人の要望です。しかし残念ながら肉体を失った存在は、もう物質的なものを与えることはできません。望まれても叶えてあげられない時、彼らはどんな気持ちになるでしょうか。

本当に愛しているのならば、愛する人にそんな思いをさせたくないですよね。自分が欲しいものを与えてくれないからと、嘆き続けるのは、依存や執着であり、愛ではありません。もらうだけの相手なら、利用していただけです。もしかしたら、たくさん与えてくれる人だったから、与えてもらうのに慣れてしまっていたのかもしれません。

でも、愛はもらうだけのものではありません。愛は、自分から出すこともできます。もう十分に愛をくれていたからこそ、残された人は悲しいのです。それに私たちは、まだ愛し続けられますし、肉体を失った存在は、いくらでも愛を受け取れます。こちらが愛を差し出すだけで、これからもずっと愛し合うことが可能なのです。

自ら命を絶つ人は増え続けています。ということは、悲しんでいる人はもっと増えているということ。悲しみを抱えた人が、どう生きるかは、その人自身の人生を変えるだけでなく、社会や、未来にも影響していきます。愛を出し続けて生きるのと、もっともっとと欲しがるのと、どちらが故人を安らかにし、どちらが素敵な社会を作るでしょう。

愛する亡き人は、私たちが愛を出すことを選択するときっと信じてくれています。それぐらいの信頼関係があったと自信を持っていたと思います。だからこの世から去ることができたのではないでしょうか。私たちが彼らの愛に応える時、愛する亡き人の死は、私たちが愛を溢れさせる人となるように仕向け、社会や未来を愛で溢れさせようとする、尊い死となります。

たとえば好きな芸能人の死に絶望して後を追うのと、その人の作品や人柄や生き様に感動し、学び、成長した自分を語るのとでは、社会への影響の違いは歴然です。前者は、その芸能人が不幸の原因になり、後者は、愛をもたらしてくれた証明になります。

残された人の生き方次第で、愛する亡き人を、不幸の原因にも、尊い存在にもできるのです。どちらが正しいかという問題ではありません。残された私たちがどうしたいかと考えたら、答えは一つしかないはずです。

それでも、どうしても嘆き続けてしまうなら、その原因は他にあります。そうだとしたら、愛する人の死は、その原因を見つけ出させ、解決するよう導き、残された人を幸せにしてくれる、気づきのきっかけにもなってくれるのです。

人が死ぬことは悲しいことに違いありません。でも、どう受け止めるのかは自由です。肉体がなくなっても、愛し続け、生前に受け取った恩恵に感謝し続けることはできるのです。故人への愛が本物ならば、悲しくても、愛と感謝を溢れさせる幸せな人でありましょう。

めざめて生きる
〜覚醒編〜

37 大切な人を亡くした人を慰めたい時は

誰しも、かわいそうだなと思った人には、つい慰めの言葉をかけてあげたくなるものです。いてもたってもいられなくなる、あの不思議な感覚は、反射的に目の前にいる可哀想に見える人を励ます言葉を口走ります。人間が持っている愛ゆえだと思います。または、不安を回避する本能でしょうか。

ですが、自分が自死遺族となり、優しさのつもりでかけてくださる言葉の中に、受け入れ難いものがあることに気づきました。遺族になってみなければ気づけなかったことだと、私自身が気づかされたことでしたので、優しい方たちのために書いておこうと思います。

私は自死遺族ですから、世間から見たら、娘が自死をしたかわいそうな人かもしれませんから、慰めや応援のメッセージをいただくことがあります。心配してくださったり、同情してくださったり、応援してくださったり、優しさをありがたく受け取っています。

ところがある日、ブログを読んだ方から、私を気遣うような言葉とともに、こんな言葉をいただきました。昔の私ももしかしたら使っていたかもしれない言葉です。

「人を悲しませる別れ方は絶対にいけないですよね」

きっと私のためにと思っての優しさの言葉でしょうし、そのように、その方が思うことは自由です。私も人を悲しませないように生きたいと思っています。でも私は、その言葉を辛く感じました。なぜなら、それは娘を攻撃する言葉でもあるからです。娘は、この方の言う、絶対にいけないことをした人なのです。

娘は確かに私を悲しませていますが、それが「絶対にいけない」ことだったとは思っていません。むしろ今の私はありがたく受け取っています。私は娘の死のおかげで学び、確実に幸せになっているのです。もしも娘が、「絶対にいけないことをした」というのなら、私を救っている娘が悪者みたいです。私は大好きな娘を絶対に悪者にしたくありませんし、娘を知らない方に悪者扱いされると、母親としていい気分ではありません。

ただ、その方を責めるつもりは毛頭ありません。よい気づきをいただいたと思っています。同じ境遇になってみなければわからないものですし、これまでこうして私のように本音を吐露する遺族の方も身近にいらっしゃらなければ、その方だって私を傷つけるなんて知ることもできないのですから、仕方ありません。

わからないなりに寄り添ってくださったこと、そのお気持ちには心から感謝しております。きっと何か声をかけてあげたいという純粋な気持ちだったと思います。それに、私自身も自死遺族になる前は、自殺はかわいそうなことだと思っていましたから。もしかしたら過去の自分に出会っただけなのかもしれません。

ただ、せっかくの優しさを無駄にしたくないので、自死遺族がこんなことを思っているのだと知っていただくきっかけになるかなと思って、書かせていただきました。

故人がどんな死に方をしたとしても、遺族にとっては大切な人です。そして反論できなくなった故人に対する決めつけは一方的で、側で聞かされる遺族のダメージはとても大きいものです。しかも自分を思って言ってくれていると思うと、ご厚意をまったく受け取らないわけにもいきません。なかなか厄介なのです。

もし、大切な人を亡くした人を慰めてあげたいと思う時は、このことを思い出してくれたら嬉しいです。そして一番嬉しいのは、私の場合「この世のお役目は果たし、お空のお役目が待っているので神様に呼ばれたのですね」です。その言葉は、娘を担当してくれた葬儀屋さんが言ってくれた言葉です。さすがです。私のことも娘のことも思いやってくれる温かい言葉だと思いました。

細かいことだと思われるかもしれませんし、図々しいお願いですが、誰かが言わないと、せっかくの優しさがもったいないので記しておきます。皆いつかは大切な人を亡くしますし、誰かを悲しませることになりますからね。愛し合うほど。

38

絶望を経験した今の自分が好き

こんなことを言うと不謹慎と言われるかもしれませんが、私は絶望してよかったと思っています。絶望する前の、まあまあ人に認められ、肩書きや仕事を持っていた私より、絶望した後の、誰にも認められなくていいと思っている、何者でもないただの私が好きです。

だからといって過去の自分を間違っていたとも思いません。私自身を生きられることが、こんなにも幸せだと感じられるのは、無理矢理にでも頑張っていろいろな経験してきた自分がいるからなので、過去の自分にも感謝しています。そして、そんなことが考えられる自分になっていることが、とても嬉しいのです。

娘の自死という絶望はいろんなことを教えてくれました。
悲しみが愛し合った証であること。
悲しみが心の場所を教えてくれること。
自分を苦しめているのは自分しかいないこと。
無理や我慢をやめるだけで、幸せになること。
絶望の底のほうが実は現実よりも居心地が良いこと。
絶望の底は私が歩き出すのを辛抱強く待ってくれること。
絶望の世界は暗くて、光しか見えないこと。
死を許せると、すべてを許せること。
死を恐れなくなると、何も怖くないこと。
死も絶望も実は愛なのだということ。
よって、この世のすべてが愛でできているということ。

娘の自死を体験しなければ、私はこれらのことを知る術がありませんでした。そう考えると、今の自分になれてよかったとしか思えないのです。宇宙の真理とも言えるのではないかというこれらの教えを授かった私は選ばれた存在なのではないかとすら思ってしまいます。もちろんこの本でこのことを知ったあなたも。

そして、この境地に辿り着いた私を、娘は喜んでいると感じています。

今のこの幸せを感じるたびに、あの日娘がテストで失敗したことも、それを後悔するような性格だったことも、私がイライラして「勝手にして」と言ったことも、以前は後悔しかありませんでしたが、すべてはここに導くために起こったことであり、一周回って何も悪いことが起こっていなかったと思えるのです。むしろ奇跡の連続なのではとすら思います。

もちろん、娘の自死が私にとって悲しい出来事だったことは今も変わりません。同じようなことは体験したくないと思います。ただ、自分の子を亡くすという、これ以上ない最大級の悲しみを経験しても、こんな恐ろしい体験の正体が、実は幸せに導く愛なのだと知ってしまったので、未来のことを心配することはなくなりました。何があっても、学びと愛を授かるだけなのだという、謎の安心感に包まれています。それは、以前の頑張っていた私がずっと追い求めていたものです。

何処にいても、何をしても、何が起きても、結局私はこれからも愛を知るだけです。頑張って探さなくても、今ここがすでに至福。娘の死はそれを教えてくれたのです。それだけでなく、なにも恐れなくていいと教えてくれたおかげで、私はこうして、本も出すことができました。

あの日、私は、「なぜ?」と娘の死をまったく理解できませんでした。でも今はわかります。

娘はただ愛を溢れさせているだけなのです。

絶望は天国の入り口でした。

死は愛です。

めざめて生きる
〜覚醒編〜

〈著者略歴〉

Ray

2018 年5月、長女を突然の自死で亡くした母親。

胎教や産後ケアの仕事や父母会の会長をこなす傍ら、子育て系情報サイトのコラムを書く生活から、娘の自死がきっかけで引きこもりになる。

亡き娘の声を聞くなど不思議な体験や、引きこもり生活の中で気づいたことを記したブログが、自らだけでなく読む人をも癒やすことから、死に愛の側面があることを確信。娘を尊び供養するためにも、広く実体験を伝えていくことを決心した矢先、Clover出版の新人著者発掘オーディションにて準グランプリ受賞、本書出版に至る。

Amebaブログ「天使と生きる」
https://ameblo.jp/angelily-ray/

装丁・本文デザイン／石濱美希
装画・イラスト／蓮田 静
組版／米村 緑（アジュール）
校正／伊能朋子
編集／坂本京子　阿部由紀子

愛する人を亡くしたあなたへ
～愛を知るための本

初版1刷発行　●2023年3月21日

著　者　Ray
発行者　小田実紀
発行所　株式会社Clover出版
〒101-0051　東京都千代田区神田神保町3丁目27番地8 三輪ビル5階
TEL 03-6910-0605
FAX 03-6910-0606
https://cloverpub.jp
印刷所　日経印刷株式会社

ISBN978-4-86734-134-6 C0095